新时代小学教育专业实践应用型系列教材

小学音乐教学论

Elementary School Music Teaching Theory

主　编◎覃乃军　刘　烨　陈　夏
副主编◎钱智凌　胡　晓　骆　彤
参　编◎（按姓氏笔画排序）
卢　皓　李　智　杨业娟
吴沁柯　夏　阳　黄柯瑕
曹　怡

ZHEJIANG UNIVERSITY PRESS
浙江大学出版社
·杭州·

图书在版编目（CIP）数据

小学音乐教学论 / 覃乃军，刘烨，陈夏主编. —
杭州 : 浙江大学出版社，2024.1
ISBN 978-7-308-24434-3

Ⅰ. ①小… Ⅱ. ①覃… ②刘… ③陈… Ⅲ.
①音乐课—教学理论—小学 Ⅳ. ①G623.712

中国国家版本馆CIP数据核字(2023)第228759号

小学音乐教学论

XIAOXUE YINYUE JIAOXUELUN

覃乃军　刘　烨　陈　夏　主　编

策划编辑　李　晨
责任编辑　柯华杰
文字编辑　胡佩瑶
责任校对　葛　娟
责任印制　范洪法
封面设计　春天书装
出版发行　浙江大学出版社
（杭州市天目山路148号　邮政编码　310007）
（网址：http：//www.zjupress.com）
排　　版　杭州林智广告有限公司
印　　刷　杭州捷派印务有限公司
开　　本　787mm×1092mm　1/16
印　　张　14
字　　数　298千
版 印 次　2024年1月第1版　2024年1月第1次印刷
书　　号　ISBN 978-7-308-24434-3
定　　价　49.80元

新时代小学教育专业实践应用型系列教材

编写委员会

主　任　邹循东

副主任　梁　宇　罗聿言

编　委（按姓氏笔画排序）

韦祖庆　吕沙东　农国才　阳志辉　杨　帆

陈　夏　冼秀丽　覃乃军　蓝卫红　黎茂昌

FOREWORD

总序

习近平总书记指出："建设教育强国，是全面建成社会主义现代化强国的战略先导。"①党的二十大报告提出："教育、科技、人才是全面建设社会主义现代化国家的基础性、战略性支撑。"②建设教育强国是全面建成社会主义现代化强国的战略先导，是科技强国、人才强国建设的共同基础。建设教育强国，基点在基础教育，龙头在高等教育。小学教育专业在我国教师教育发展事业中占有重要地位，也是基础教育发展的重要人才保障，在我国基础教育发展领域具有不可替代的作用。

21 世纪以来，小学师资的培养基本实现了高等教育化，小学教育教学改革的步伐不断加快，对人才的要求不断提高，对教材也提出了更高的要求，因此有必要编写高质量的教材，以响应习近平总书记"用心打造培根铸魂、启智增慧的精品教材，为培养德智体美劳全面发展的社会主义建设者和接班人、建设教育强国作出新的更大贡献"③的指示。

本丛书的编写主要是为了帮助即将进入教师队伍的"准教师"对课堂及课堂教学有较全面的了解与把握，对其课堂教学实操起启发、引领的作用。同时，也期望能在理论层面上指导在职教师提升专业素养，使其向专业化的道路迈进。为此，我们将"聚焦中国学生发展核心素养，培养学生适应未来发展的正确价值观、必备品格和关键能力"作为指导思想，以学科教学为起点，根据义务教育各课程标准（2022 年版）的要求，围绕课堂教学这一核心，从理论

① 习近平在中共中央政治局第五次集体学习时强调 加快建设教育强国 为中华民族伟大复兴提供有力支撑[N]. 人民日报，2023-05-30(1).

② 习近平. 高举中国特色社会主义伟大旗帜 为全面建设社会主义现代化国家而团结奋斗——在中国共产党第二十次全国代表大会上的报告[R]. 北京：人民出版社，2022：33.

③ 习近平. 习近平给人民教育出版社老同志回信强调 紧紧围绕立德树人根本任务 用心打造培根铸魂启智增慧的精品教材[N]. 人民日报，2020-12-01(1).

与从师技能层面来建构本丛书的体系。理论层面，力求使读者能从教学过程、教学模式把握课堂教学，了解课堂教学方法和策略，明白教学评价与测评的标准、要求及方法；在此基础上，加入从师技能的内容，使读者掌握课堂教学设计乃至实施技术，最终达到提高课堂教学艺术、效率和质量的目的。此外，为帮助任课教师按照师范类专业认证的要求规范实施教学活动，丛书依据教育部印发的《普通高等学校师范类专业认证实施办法（暂行）》提供了专业认证的相关内容。

本丛书由小学教育领域从事研究与教学的有关专家、学者、教师共同精心编写，是他们多年来研究和教学的成果。丛书由邹循东教授拟定选题、设定内容框架，各团队撰写完成后由梁宇教授、罗聿言博士审稿，邹循东教授定稿。在此，我们向为丛书的编写和出版付出辛勤劳动的专家、学者、教师以及浙江大学出版社的编辑团队表示衷心的感谢！我们由衷希望本丛书能成为全国小学教育专业学生及小学教师的良师益友，帮助他们成长、成才。

丛书编委会
2024 年 1 月

PREFACE 前言

针对我国目前缺乏适用于全国各师范院校的小学音乐教学论专业课程的教材的状况，南宁师范大学初等教育学院院长邹循东、南宁师范大学音乐与舞蹈学院原常务副院长覃乃军牵头，组织区内高校长期从事本专业教学与研究的相关专家及教学实践经验丰富的小学一线教师，组成编写团队，历时近五年，深入教学科研第一线，收集第一手资料，集体研究，征求多方意见，在原有教材的基础上进行了重新整理与修订。

本教材以习近平新时代中国特色社会主义思想为指导，全面贯彻落实党的二十大精神，落实立德树人的根本任务，将课程思政元素有机融入学习内容中。本教材在编写过程中，重视小学音乐学科纵向与横向的联系性和整体性，充分体现教材的艺术性和实践性，在立足于中高等音乐师范专业教学大纲的基础上，紧密结合《义务教育艺术课程标准（2022年版）》，以“小学教育专业认证标准”为指导，围绕小学音乐部分及中高等音乐师范专业教学的特点，联系小学音乐课堂教学实践，突出小学音乐教学的科学性、系统性和实用性，同时吸收国内外优秀的教学思想、观念和方法，以提高小学教育师范生的音乐素质和小学音乐教学能力。

本教材按章节编写，不同学校可根据各自的实际教学情况灵活安排课时。全书分为基础理论、教学实践、教学应用三个部分。包括十二章：第一章，绪论（覃乃军、胡晓）；第二章，小学音乐教育及课程、教材概述（黄柯瑕）；第三章，小学生音乐心理的发展（黄柯瑕）；第四章，小学音乐教学原则、过程和模式（刘烨）；第五章，小学音乐教学的领域及教学方法（刘烨）；第六章，小学音乐教学的组织工作（吴沁柯）；第七章，小学音乐学习评价建议与音乐学业质量检测（钱智凌）；第八章，小学音乐教学设计案例及实施方案（李智、曹怡、夏阳）；第九章，小学戏曲教学的意义与实例解析（杨业娟）；第十章，小学课外音乐活动（卢皓）；第十一章，小学音乐教育实习（骆彤）；第十二章，教师资格考试（刘烨）；附录，“小学音乐课程与教学论”课程教学大纲（陈夏）。

本教材的特色如下：一是为小学音乐教师在具体的教学实践中如何有效落实课程标准，如何合理安排教学内容，如何灵活运用教学方法和教学评价手段等提供建设性的意见与建议，并附有真实的教学课例、教案及说课稿；二是针对《义务教育艺术课程标准（2022 年版）》中的新内容——小学戏曲方面的教学内容，提供了相关的理论知识和教学实例。同时，根据 2022 年我国中小学教师资格考试的政策精神和要求，本教材新增了有关小学教师资格考试的内容，为广大考生提供学习帮助，旨在全面服务小学音乐教育与教学工作，做小学音乐教师专业发展的有力帮手。

覃乃军

2023 年 12 月

目录

上篇　基础理论

中篇　教学实践

CONTENTS

下篇　教学应用

CONTENTS

PART 1

上篇 基础理论

小学音乐教学论

第一章

绪 论

▶ 素质目标

通过学习小学音乐课程教学的改革发展，反思现行小学音乐教学实施的效果，树立“以情感育人、以美育人”的坚定信念，培养学生的审美情操、艺术素养以及人格品行。

▶ 知识目标

1. 了解小学音乐教学改革的基本导向及重要意义。
2. 分析当前小学音乐教学论课程实施中存在的主要问题。
3. 明确研究小学音乐教学论的必要性。

▶ 技能目标

1. 理解小学音乐教学改革的目标和方向。
2. 明确小学音乐教师在课程教学改革中的责任和义务。
3. 明确新时期小学音乐教师应具备的素质和能力。

▶ 情感目标

1. 激发小学音乐教师热爱音乐课程教学的情感。
2. 帮助小学音乐教师树立参与新课程教学改革的信心。

新中国成立以来，小学音乐课程在美育中承担了重要责任，并取得了一系列成果，为音乐教育事业的后续发展奠定了坚实基础。但在新的历史条件下，现行音乐课程在教育观念、内容、方法、手段和评价体系等方面已不能适应素质教育发展的要求，音乐课程教学改革势在必行。深度解读《义务教育艺术课程标准（2022年版）》，明确新课程改革的相关要求，以及小学音乐教学论的研究意义、地位与作用。

笔记栏

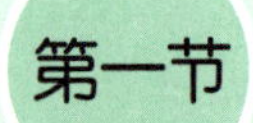

第一节 新课改的实施对小学音乐教学的导向及意义

通过文献、网络查阅《义务教育音乐课程标准》，思考新课程改革的实施是从哪些维度着手。请你简单地概述出来。

阐述《义务教育音乐课程标准》的指导思想、编写原则和课程性质。

一、新课程改革的实施对小学音乐教学具有导向作用

新课程改革（以下简称“新课改”）倡导对学生进行素质教育，致力于通过德育、智育、体育、美育、劳育教育促进学生的全面发展。《义务教育音乐课程标准》明确了音乐课程在义务教育体系中的重要地位，“音乐课是人文学科的一个重要领域，是实施美育的主要途径之一，是基础教育阶段的一门必修课”，指出“我国中小学音乐教育在发展的过程中取得了很大的成绩”，但“在新的历史条件下，现行音乐教育……已不能适应素质教育发展的要求”“音乐教育改革势在必行”。因此，新课改的实施对小学音乐教学具有重要的导向作用。

（一）以培养学生兴趣为首要目标

新课程改革实施前，音乐课程的教学模式主要是教师按照既定教材教授学生歌唱，学生很大程度上是被动完成欣赏和歌唱任务，教学过程中对学生的学习兴趣未能给予充分的关注。新课改则要求以审美为核心、以兴趣为动力，这就要求教师在教学中高度重视学生的兴趣爱好，使音乐教学成为学生审美意识提升的重要环节。教师不仅是知识的传授者，更是学生的引导者——教师要善于激发学生的学习兴趣和潜能，使学生在音乐课程中感受到快乐。

（二）注重学生的个性化发展

新课程改革不仅提倡对全体学生的素质教育，同时又非常关注学生的个性化发展，尊重学生的个体差异。发现学生的个体差异成为教师应承担的新任务之一。在以往的课堂教学中，教学方法千篇一律，每个学生都按照教师的要求进行歌唱练习，难以展现个性化特征。新课改更加重视音乐实践活动，实践是学生的个性特征得以表现的前提和基础，教师设计多种音乐实践活动，不仅能够激发学生的学习兴趣，

笔记栏

也能从中挖掘学生的个性和潜能，并为学生提供自我发挥的舞台，鼓励学生进行创造性的音乐活动。

（三）提升学生的音乐文化素养

新课程改革实施以来，小学音乐教学的目标已经不再局限于学生音乐技能的增长，而是更加重视学生的综合素养培育。“提倡学科综合、弘扬民族音乐、理解多元文化”，从不同角度对学生的音乐综合素养进行诠释：音乐的美育教育与德育教育不可分离，学生应当从民族音乐中汲取营养，认识民族音乐的精华所在，更要立足于文化视角去审视音乐作品。由此可见，音乐新课程更加强调对学生的文化熏陶。

二、新课程改革的实施对小学音乐教学的导向及意义

（一）突出音乐教育的人本理念

新课程改革强调以人为本的教育理念，重视学生音乐学科核心素养的培养，改善了传统小学音乐教学更关注教学任务是否完成的问题，对学生的全面成长起到强大的推动作用。小学生有其自身的年龄、性格特征，他们活泼好动，对新事物存有好奇心，乐于参与互动，喜欢展示个性，同时也处于审美意识形成和发展的关键时期。以人本理念为引导，以素质教育为目标的音乐教学更契合小学生的学习需求，能从学生的具体情况出发，培养学生的音乐情操。

（二）促进情感、审美、德育融合

新课程改革提出要促进各学科间的融合，按照这一要求，小学音乐教学应加强美育教育和德育教育的关联。素质教育打破了过去以歌唱练习为主的课堂教学模式，教师将带领学生沉浸式体验音乐，感受其中所蕴含的丰富情感；学生在学习过程中也应主动将自身的情感融入其中，进一步感受和体验。而在情感纽带的支撑和教师的指导下，学生不仅更乐于欣赏音乐作品，还可以通过对作品的欣赏，感知其中蕴含的精神。以情感为纽带，实现美育和德育的有机结合，有利于塑造学生的美好心灵，培养学生的人格。

（三）有利于教师自身素质的提升

音乐新课程改革实际上对教师自身的素质提出了更高的要求。小学音乐教师不仅要掌握音乐专项技能和教学基本方法，更要关注音乐新课程中各项目标的实现，即如何发现学生的兴趣、如何促进学生的个性化发展、如何加强对学生的文化熏陶。这就要求教师对教学工作投入饱满的情感，在具备扎实基本功的基础上，主动研究、探索适合小学生的教学方法，深入挖掘教材中的审美因素，提升自身文化素养，善于发现学生的个性特征，培养学生的审美情操与良好的道德品质。

笔记栏

（四）实现教学与评价方法变革

新课程改革使小学音乐课程的教学与评价方法发生了根本转变。教师将舞蹈、游戏融入课堂之中，同样是一首曲目的学习，学生不再是仅仅模仿教师，而是通过参与丰富多彩的互动活动来完成学习任务，在轻松、愉快的氛围中，他们的审美意识也随之增强。在评价方法上，以往的小学音乐课程评价非常简单，主要是学生演唱某一曲目，教师再进行评分。对每个学生的考核方式相同，教师的评分也是千篇一律。这种评价方法对学生的激励作用有限，学生自然很难重视成绩评价，认为分数高低无关紧要，难以通过教师的评价产生学习动力。但在素质教育环境下，教师需要对学生的音乐能力与素养进行评估，不仅仅是依据学生唱歌，而是将学生的整个学习过程都作为评价的依据，终结性评价与形成性评价的结合为激发学生的学习动力和潜能提供了有力支持。

第二节 小学音乐教学论的发展现状

通过文献、网络查阅与小学音乐教学论的相关资料，总结回顾小学音乐教学论的发展历程，请你简单地概述出来。

简述小学音乐教学论的重要价值、课程安排及基本内容。

一、小学音乐教学论的发展历程

回顾近二十年小学音乐教学论的发展历程，可以看出，其变化趋势非常鲜明。20 世纪 90 年代，小学音乐教学论主要涵盖唱歌教学、唱游教学、乐器教学、音乐欣赏教学、识谱与视唱教学、教学计划与学业考核、课外音乐活动几个部分，其中唱歌、乐器、识谱在小学课堂中占据主要地位，教师在教学过程中穿插游戏式的活动，以激发学生的兴趣，培养学生对音乐的欣赏能力。

21 世纪以来，随着新课程改革的推动，小学音乐教学论开始呈现新的变化，其中最为显著的就是提出音乐新课程的基本理念，即以音乐审美为核心、以兴趣爱好为动力等，另外还包括音乐教学领域、音乐教学设计、音乐教学策略、音乐教学与

笔记栏

现代教育技术、教学评价、教师素质等模块。小学音乐教学论中强调人文内涵、情感要素与知识技能的统一，强调传统教学手段与现代教学手段的结合以及创新教学策略的应用，如创设情境、探究学习等，教师的自身素质也受到前所未有的关注。此后小学音乐教学论又经过进一步修订，内容基本围绕新课程理念的指导，侧重教学方法、教学评价、教师素质等内容，为培养专业音乐教师提供了重要的方向指引。

二、小学音乐教学论的发展现状

（一）授课模式有待创新

小学音乐教学论是培养学生从“学生”到“教师”转变的一门关键性学科。尽管新课程改革对小学音乐教学提出了全新的要求，音乐课堂面貌不断改善，但小学音乐教学论的授课模式仍然有待创新。这主要是因为小学教育专业基本沿用普通师范院校的课程设置，前几个学期主要侧重学科专业知识与技能的教学，在最后一学年开设教学论课程，但这段时间学生还要完成实习任务，教学论课程的学习必然会受到干扰。尤其是小学教育专业关注的是学生音乐素养和音乐技能的提升，小学音乐教学岗位则要求从业人员不仅具备扎实的基本功，更要善于从事教学活动，两者在培养目标方面存在一定差异。小学教育专业应对音乐教学论课程做适度调整，以便学生更系统、深入地学习这门课程。

（二）教学实习活动不足

现有的小学音乐教学论课程一般安排在最后一学年，上学期以教学论理论为主讲内容，约 40 课时，其间穿插一定的见习时间。下学期则由学生开展专业教育实习，集中进行上岗前的培训。现有教学模式的问题在于，学生虽然接受了有关教学论的教育，但理论学习和实践培训的时间都非常有限，而且安排在毕业前夕，时间很仓促。临近毕业期间，学生忙于找工作，实习质量很难保证，这就导致学生在正式进入小学音乐课堂前没有充分的准备，对提高音乐课堂教学水平来说并不理想。因此，为促进素质教育的发展，推动小学音乐课程改革，小学音乐教学论急需解决教学模式创新的问题。教学论应当实现从理论到实践的有效贯穿，学生首先要明确新课程改革的根本目的，深刻认识素质教育的要求以及小学生的心理，进而熟悉小学音乐教学的实践环境，最终过渡到教师自身素质的提升，有目标、有准备地参与教学实习活动。

笔记栏

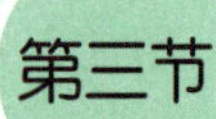

第三节 小学音乐教学论的研究意义、地位与作用

乐查

通过文献、网络查阅小学音乐教学论的相关资料，明确开展小学音乐教学论研究的价值与作用，请你简单地概述出来。

善思

简述小学音乐教学论的重要作用。

一、小学音乐教学论的研究意义

新课程改革需要小学音乐教学论的支撑——新课程理念的传播、贯彻、执行，新型教学方法的研究与应用，教学范例的学习，教学评价方法的改革，教师素质的提升，音乐教育实习的开展等工作都需要具备科学的参考。研究小学音乐教学论正是服务于这一目标，通过对教学论的研究以及教材的编写，小学音乐新课程改革工作也将不断走向深入，实现从理论到实践的发展，以及实践对理论的丰富和完善。因此，持续推动小学音乐教学论的研究将为新课程改革提供重要的支撑。

二、小学音乐教学论的研究地位

小学音乐教学论是一种方法论，其中既有基础理论，又能实现从理论到实践的贯穿。小学教育专业的学生在正式开启职业生涯前，需要经过长期的教学方法论学习，并将其消化吸收，转化为自身的能力和素养，进而才能在小学音乐教学中承担教学任务。而新课程改革是一项系统性的工程，从教学理念的创新到教学方法的改革、教学评价方法的转变以及教师自身素质的提升，这些工作都需要小学教育专业学生在步入工作岗位前获得清晰的认知，否则音乐新课程改革的任务将难以落实。教学改革的任务如此艰巨，小学教育专业学生急需方法论的指引和帮助，小学音乐教学论能够为他们提供一定的方法论指导。

三、小学音乐教学论的研究作用

小学音乐教学论的研究作用是多方面的。新课程改革最为突出的是教学理念的创新，即尊重学生的兴趣爱好，关注学生的个性化发展，鼓励学生开展创造性活动，注重文化间的互通等。教学理念的变化势必会引起培养目标的变化，以及教学内容、教学方法、教学评价方法的一系列变革，这些问题是相互关联、相互影响的。倘若没有科学、正确的方法论指导，新课程教学目标的实现也就无从谈起。要发挥音乐教育在小学生素质教育中的作用，就必须对音乐教学论进行深入研究，让学生逐步领会如何才能成长为一名合格的小学音乐教师。

笔记栏

总结与反思

思维导图

请你将本章所学内容加以总结，用思维导图的形式画在下方。

工学结合

1. 依据《义务教育艺术课程标准（2022年版）》，明确新课程改革的相关要点以及教师所应具备的基本素质。

2. 与同学讨论：按照新课程改革的指引，教师在小学音乐课程教学中应当扮演怎样的角色？

笔记栏

3. 与教师讨论：顺应新课程改革的趋势，小学音乐教师应当具备哪些方面的素质？

学习评价

评价内容	评价指标	分值	学生自评	教师评分并点评
小学音乐课程教学改革的目标、意义及要点	能够准确把握小学音乐课程教学改革的目标、意义及要点，为具体教学实践指明方向	20		
小学音乐教学论的发展历程、课程具体安排	能够全面总结小学音乐教学论的发展历程，明确开设音乐教学论课程的具体安排	15		
小学音乐教学论的研究意义、地位与作用	能够准确把握小学音乐教学论对课程教学改革的重要价值和具体作用	25		
小学音乐教学论的基本内容和学习要求	能够准确理解小学音乐教学论的基本内容和学习要求	25		
小学音乐教学论的具体实践应用	在新课程改革背景下，教师是否能够遵循音乐教学论的基本要求，科学高效地布局课堂教学	15		
总评		100		

拓展阅读

《义务教育艺术课程标准（2022 版）》，中华人民共和国教育部，北京师范大学出版社。

第二章

小学音乐教育及课程、教材概述

▶ 素质目标

1. 通过学习课程目标，渗透思想政治教育，培养爱国主义和集体主义精神。

2. 通过学习课程目标和教材，设计音乐课，了解不同民族的音乐传统，热爱中华民族和世界其他民族的音乐。

▶ 知识目标

1. 了解小学音乐的教育目标、教育任务和课程性质。

2. 掌握小学音乐的课程目标。

3. 了解小学音乐教材编写的指导思想和原则。

4. 了解小学音乐教材的特点。

5. 了解小学音乐教材的使用方法。

▶ 技能目标

1. 能根据课程目标的要求拟定课堂教学目标。

2. 能根据不同学段学生的实际情况，有针对性地运用多种教学方法开展教学。

3. 能根据音乐课程教学内容，紧密联系思政开展教学。

▶ 情感目标

1. 能根据课程目标渗透情感教育。

2. 能根据不同学段学生的实际情况，激发小学生对音乐的情感。

小学音乐教师要了解小学音乐的教育目标、教育任务和课程性质，掌握《义务教育艺术课程标准（2022 年版）》对音乐课程的总目标与学段目标的规定，才能有目的、有计划地开展教学活动，达到教学效果。同时，了解音乐教材的编写原则及小学音乐教材的特点，才能对教材进行分析并正确使用教材，这些对音乐教师做好音乐教育工作是必要且非常重要的。

笔记栏

第一节 小学音乐的教育目标、教育任务和课程性质

通过文献、网络查阅有关小学音乐的教育目标的解读，思考教育目标是从哪些维度着手的，请你简单地概述出来。

阐述小学音乐的教育目标、教育任务和课程性质。

一、小学音乐的教育目标

音乐教育目标是音乐教育所预期达到的境地和标准，也是音乐教育行为在一定时期的出发点和最终归宿。由于音乐教育目标是实践主体的规范行为的理想境地，所以它既可以体现实践主体的社会的、集体的统一意志，也可以反映个体的主观教学愿望。因此，从广义上来说，教育目标具有多元属性，它可以纳入国家的指令，也可以是一种教育体系宗旨的诠释，甚至还存在着某些个人的教学标准，主要是指国家和社会制定的，对国民音乐教育发展有指导、制约作用的音乐教育目标。所以，音乐教育目标是一种客观存在，也是一种教育思潮的理想化产物。

从音乐教育发展史来看，音乐教育目标总是伴随着教育实践同步产生。各个历史时期的音乐教育目标具有鲜明的时代性和阶级性。因此，音乐教育目标既体现了一定的教育理想，又受当时的政治、经济、文化、科技等发展水平和条件的制约。

教育目标是一种高层次的、需要经过一段时间的教学实践努力才能达到的目的和标准。由于音乐教育呈现多层次、多元化的态势，又有政治、经济、文化等多种客观因素的参与，所以，各国、各时期、不同派别的音乐教育目标各有不同。

（一）音乐教育的根本目的（终极目标）

音乐教育究其根本目的，是通过音乐审美教育培养高尚、完美的人。审美教育是音乐教育的核心。通过音乐教育，培养学生的音乐审美能力、审美感情、审美情操，最终是为了完善人的自身品格。我国古代“兴于诗、立于礼、成于乐”“善民心”的音乐教育思想，就是以音乐对人的教化作为目标。我国现阶段社会主义音乐教育目标明确规定“音乐教育是进行美育的重要手段之一”，是为造就德、智、体、美、劳全面发展的社会主义一代新人服务的。

笔记栏

（二）音乐教育的社会特征（社会目标）

任何一门学科都不能脱离特定的社会背景，不能脱离民族文化传统。作为上层建筑的音乐，作为教育中一个有机组成部分的音乐教育，尤其如此。例如，我国的学堂乐歌运动大力宣扬“富国强兵”的改革思想。我国每个革命历史阶段，尤其是抗日救亡运动以来的音乐教育，在推动、普及进步音乐，教育、鼓舞群众方面发挥了巨大的作用。在社会主义时期，我国同样十分重视通过音乐教育渗透思想教育，发挥音乐教育在思想教育方面的功能。进行民族音乐教育，使年轻一代了解、熟悉、热爱本民族的文化传统，也是音乐教育的社会目标中的一个方面。

（三）音乐教育的最终目的（本体目标）

教育目标必须要以明确的基本任务为依托，这样才便于编制课程计划、编写具体教材，否则将导致内容空泛和音乐特征的淡化。当然，由于教育目标是宏观性的指导，其所提示的教育任务应该是基本的，它不应该（也不可能）将该学科各方面的具体任务一一列入。例如，我国《义务教育艺术课程标准（2022年版）》指出要以审美感知、艺术表现、创意实践、文化理解等为核心，以突出对音乐感受、理解、鉴赏、表现等能力培养为基本任务，既有高度的概括性，又有广阔的覆盖面。

二、小学音乐的教育任务

小学音乐的教育任务是通过课程教学及各种生动的音乐实践活动，培养学生爱好音乐的情趣，提高音乐鉴赏能力、表现能力和创造能力，提高音乐文化素养，丰富情感体验，陶冶高尚情操。具体来说，就是培养学生对生活积极、乐观的态度和对美好未来的向往与追求；树立终身学习的观念，逐步养成鉴赏音乐的良好习惯，为终身爱好音乐奠定基础；培养音乐鉴赏和评价能力，养成健康向上的审美情趣；培养良好的行为习惯和宽容理解、互相尊重、共同合作的意识；培养爱国主义和集体主义精神，领略不同国家、不同民族、不同时代的作品风格，感知音乐中的民族特色，了解不同民族的音乐传统，热爱中华民族和世界其他民族的音乐。

总之，小学音乐教育要紧扣《义务教育艺术课程标准（2022年版）》的思想内涵，围绕着人文性、审美性、实践性、情感性、创造性等特点，以培养学生对音乐的感受、表现、鉴赏、创造等能力为基本任务。

三、小学音乐的课程性质

音乐课程是九年义务教育阶段面向全体学生的一门必修课，小学音乐的课程性质主要体现在以下五个方面。

（一）人文性

音乐是文化的重要组成部分，是人类宝贵的精神文化遗产和智慧结晶。无论是

笔记栏

从文化中的音乐视角出发，还是从音乐中的文化视角出发，音乐课程中的艺术作品和音乐活动皆注入了不同文化身份的创作者、表演者、传播者和参与者的思想感情和文化主张，是不同国家、不同民族、不同时代文化发展脉络以及民族性格、民族情感和民族精神的展现，具有鲜明而深刻的人文性。

（二）审美性

“以美育人”的教育思想与我国的教育、文化传统一脉相承，是培养德、智、体、美、劳全面发展的社会主义建设者和接班人的教育方针的有机组成部分。通过音乐教育培养和提高学生感受美、表现美、鉴赏美、创造美的能力，陶冶情操，发展个性，启迪智慧，丰富和发展形象思维，激发创新意识和创造能力，全面提升学生的素质。

（三）实践性

音乐音响不具有语义的确定性和形态的具象性。音乐课程各领域的教学只有通过聆听、演唱、探究、综合性艺术表演和音乐编创等多种实践形式才能得以实施。学生在亲身参与这些实践活动的过程中，获得对音乐的直接经验和丰富的情感体验，为掌握音乐相关知识和技能、领悟音乐内涵、提高音乐素养打下良好的基础。

（四）情感性

音乐是一门情感艺术，音乐教育的全部过程应是一种自觉的审美过程，其魅力不在于知识、技能的传授，而在于发展学生的主体性，培育灵魂、塑造人格、优化情感，使学生热爱音乐、热爱生活。在教学过程中，教师应该有意识地改善学生的情感状态，主动寻找有效的策略，培养学生积极的情感、态度与价值观，突出情感体验，以情感人，培养学生良好的人格以及高尚的情感。

（五）创造性

创造是艺术乃至整个社会发展的动力，是艺术教育功能和价值的重要体现。音乐创造因其强烈而清晰的个性特征而充满魅力。在音乐课中，生动活泼的音乐欣赏、表现和创造活动，能够激发学生的表现欲望和创造冲动，在主动参与中展现他们的个性和创造才能，使他们的想象力和创造性思维得到充分发挥。

笔记栏

第二节 小学音乐的课程目标

通过文献、网络等查阅音乐课程核心素养是基于哪些维度转变而来的，请你简单地概述出来。

简述小学音乐课程总目标的内容。

艺术课程围绕核心素养，体现课程性质，反映课程理念，确立课程目标。课程目标也称课程与教学目标，是教育目标的下位概念，体现了不同学科课程设置、教学设计和教学过程的目标，与课程关系最为密切。音乐课程目标是指学校音乐教育教学活动要达到的目的。音乐课程目标应具备为教学内容与方法的选择提供依据，提示音乐教学计划要点，为音乐教学程序的组织与设计提供原则，为课程与教学实施提供依据，以确定课程与教学评价的基础的功能。

音乐课程目标体现在审美感知、艺术表现、创意实践、文化理解四种核心素养；课程内容包含欣赏、表现、创造、联系四个领域。

一、小学音乐课程核心素养内涵

核心素养是课程育人价值的集中体现，是学生通过课程学习逐步形成的适应个人终身发展和社会发展需要的正确价值观、必备品格和关键能力。

（一）审美感知

审美感知，即对音乐艺术听觉特性、表现形式、表现要素、表现手段及独特美感的体验、感悟、理解和把握。在审美过程中要将音乐放置于其特有的文化属性中去理解，感受不同的人文内涵，而不仅仅是用听觉来进行审美。

由于音乐艺术的特殊性，在音乐审美感知的过程中，主观因素尤其是人的理性经验起到了重要的作用。音乐教育活动在实际的开展中给人的道德观念以情感上的支持，有助于学生发现美、感知美，丰富审美体验，提升审美情趣，使学生在音乐学习的过程中逐渐形成对音乐的感知能力和欣赏能力，丰富学生的审美情感体验，使其具有一定的审美能力。

笔记栏

（二）艺术表现

通过歌唱、演奏、综合艺术表演和音乐编创等活动，表达音乐艺术美感和情感内涵的实践能力。如果表演者不能准确地把握创作者的创作理念、创作背景以及作品内涵，那么其所表现出来的作品就不具备音乐艺术素养，也无法具备一定的艺术表现力。

开发学生的表演潜能，使学生能用音乐的形式表达个人的情感并与他人沟通、交流感情，在音乐实践活动中使学生享受到美的愉悦，受到情感的陶冶，有助于学生掌握艺术表现的技能，表达学生的情感和文化追求，增强形象思维能力，涵养热爱生命和生活的态度。

（三）创意实践

创意实践是综合运用多学科知识，紧密联系现实生活，进行艺术创新和实际应用的能力。小学音乐创意实践应立足于学生探究音乐知识，感受音乐学习乐趣，激发丰富的想象能力，加深学习体验的教学，也是教师正确合理地运用多媒体技术，让学生通过多种感官去感受音乐，有效提高音乐审美素质的教学方式。采取创意实践的培育，为学生的音乐学习营造一种自由、轻松、愉快的学习氛围，有助于学生形成创新意识，提高艺术实践能力和创造能力，增强团队精神。

（四）文化理解

文化理解是音乐核心素养中最重要的一点，它应包括认知音乐的艺术形式和文化特征，了解音乐与其他艺术的关系，理解音乐发展与社会发展的相互影响。音乐艺术与社会生活密切相关，要强调各民族之间的音乐都是平等的，需要互相理解和互相尊重。

音乐除了是一门独立的学科之外，同时也是一门通用的艺术。几千年来，音乐不断发展，已经逐步成为一种文化。作为抒情艺术，音乐不仅给人们美的享受，而且在人们的生产生活实践中具有非常广泛的应用价值。让学生学习和了解音乐文化，可以更好地彰显音乐艺术的广域性，有助于学生在艺术活动中形成正确的历史观、民族观、文化观，尊重文化多样性，增强文化自信，进而推动小学生音乐核心素养的全面发展。

小学音乐课程的四种核心素养相辅相成、相得益彰，贯穿音乐学习的全过程。提高音乐核心素养可以加强学生的综合素质和对外部事物较深层的感悟能力。

笔记栏

二、小学音乐课程的总目标

《义务教育艺术课程标准（2022 年版）》对于艺术课程的总目标表述如下。

通过义务教育艺术课程的学习，学生应达到以下目标：

- 感知、发现、体验和欣赏艺术美、自然美、生活美、社会美，提升审美感知能力。
- 丰富想象力，运用媒介、技术和独特的艺术语言进行表达与交流，运用形象思维创作情景生动、意蕴健康的艺术作品，提高艺术表现能力。
- 发展创新思维，积极参与创作、表演、展示、制作等艺术实践活动，学会发现并解决问题，提升创意实践能力。
- 感受和理解我国深厚的文化底蕴和党的百年奋斗重大成就，传承和弘扬中华优秀传统文化、革命文化、社会主义先进文化，坚定文化自信，铸牢中华民族共同体意识。
- 了解不同地区、民族和国家的历史与文化传统，理解文化与构建人类命运共同体的关系，学会尊重、理解和包容。

学生通过学习音乐课程和参与丰富多样的艺术实践活动，探究、发现、领略音乐的艺术魅力，培养对音乐的持久兴趣，涵养美感，和谐身心，陶冶情操，健全人格。学习并掌握必要的音乐基础知识和基本技能，拓展文化视野，发展音乐听觉与欣赏能力、表现能力和创造能力，形成基本的音乐素养。丰富情感体验，培养良好的审美情趣和积极乐观的生活态度，促进身心的健康发展。

（一）情感态度与价值观目标

（1）感知、发现、体验和欣赏艺术美、自然美、生活美、社会美，提升审美感知能力。

（2）丰富情感体验，使情感世界受到潜移默化的感染和熏陶，建立起对人类、对自然、对一切美好事物的关爱之情，进而养成对生活的积极乐观态度和对美好未来的向往与追求。

（3）丰富想象力，运用媒介、技术和独特的艺术语言进行表达与交流，运用形象思维创作情景生动、意蕴健康的艺术作品，提高艺术表现能力。

（4）通过各种有效的途径和方式引导学生走进音乐，发挥联想和想象，在亲身参与音乐活动的过程中喜爱音乐，认识到音乐与生活的广泛联系，增强形象思维能力，涵养热爱生命和生活的态度。

（5）发展创新思维，积极参与创作、表演、展示、制作等艺术实践活动，学会发现并解决问题，提升创意实践能力。

（6）通过对音乐作品内容、形式、人文内涵的感受和理解，营造氛围，激发学

笔记栏

生的灵感，对创作的过程和方法进行探究与实验，生成独特的想法并转化为成果。形成创新意识，提高艺术实践能力和创造能力，增强团队精神，养成健康向上的审美情趣，在真善美的艺术世界里受到高尚情操的陶冶。

（7）感受和理解我国深厚的文化底蕴和党的百年奋斗重大成就，传承和弘扬中华优秀传统文化、革命文化、社会主义先进文化，坚定文化自信，铸牢中华民族共同体意识。

（8）通过音乐作品中所表现的对祖国山河、人民、历史、文化和社会发展的赞美和歌颂，培养学生的爱国主义情感。在音乐实践活动中，培养学生良好的行为习惯和宽容理解、互相尊重、共同合作的意识，增强集体主义精神。

（9）了解不同地区、民族和国家的历史与文化传统，理解文化与构建人类命运共同体的关系，学会尊重、理解和包容。

（10）尊重艺术家的创造劳动，尊重艺术作品，养成良好的欣赏音乐艺术的习惯。通过系统学习中国传统民族音乐和不同民族、不同国家、不同时代的作品，感知音乐中的民族风格和情感，了解不同民族的音乐传统，热爱中华民族的音乐文化，学习世界其他民族的音乐，理解音乐文化的多样性。

总之，音乐教育的效应主要作用于人的情感，音乐教育的机制主要体现在有情感的教师将表达情感的音乐传达给需要不断丰富情感体验的学生。因此，情感态度与价值观就成了排在第一位的核心目标。

（二）过程与方法目标

音乐本身的表现性、实践性、非语义性和不确定性决定了音乐课程的过程与方法目标。只有亲身经历与体验这一过程，才能独立获得对音乐的感受与理解，才能通过模仿逐步积累感性经验，在探究与创造活动中，在与他人的共同合作中，实现真正意义上的音乐学习，并感受学习音乐过程中的快乐，从而培养终身愿学音乐、会学音乐的兴趣与习惯。

1. 体验

完整而充分地聆听音乐作品，在音乐体验与感受中享受音乐审美过程的愉悦，体验与理解音乐的感性特征与精神内涵。

2. 模仿

亲身参与演唱、演奏、编创等艺术实践活动，并适当地运用观察、比较和练习等方法进行模仿，积累感性经验，为音乐表现和创造能力的进一步发展奠定基础。

3. 探究

培养对音乐的好奇心和探究愿望，重视自主学习的探究过程，能够积极参与以即兴式自由发挥为主要特点的探究与创作活动。

笔记栏

4. 合作

在音乐艺术的集体表演形式和实践过程中，能够与他人充分交流、密切合作，不断增强集体意识和协调能力。

5. 综合

通过以音乐为主线的艺术实践，渗透和运用其他艺术表现形式和相关学科的知识，更好地理解音乐的意义及其在人类艺术活动中的特殊表现形式和独特的价值。

（三）知识与技能目标

音乐知识与技能对于音乐学习无疑是必要的，关键是以什么样的方式去获取知识和技能。单纯追求知识与技能，忽略掌握知识技能、忽略人的情感态度与兴趣、忽略获取知识技能的方法与途径的人，将会继续“仓储式”的教育与“四脚书橱”的“打造”。“教人真理的教师不是好教师，教人发现真理的教师才是好教师”，音乐教师应在正确的教育观念的指导下，引导学生学好音乐知识与技能，使学生的情感态度、方法、知识与技能共同成长。

1. 音乐基础知识

学习并掌握音乐基本要素（如音高、力度、速度、音色、节奏、节拍、旋律、调式、和声等）、常见结构、体裁形式、风格流派和演唱、演奏、识谱、编创等基础知识。

2. 音乐基本技能

学习演唱、演奏、创作的初步技能，能够自信、自然、有表情地演唱歌曲和演奏乐器，了解音乐创作的基本方法。在音乐听觉感知基础上识读乐谱，在音乐实践活动中运用乐谱。

3. 音乐历史与相关文化知识

了解中外音乐发展的简要历史和有代表性的音乐家，初步识别不同时代、不同民族的音乐。认识音乐与姊妹艺术的联系，感知不同艺术门类的主要表现手段和艺术特征。了解音乐与艺术之外其他学科的联系，开阔音乐文化视野。根据自己的生活经验和已学过的知识认识音乐的社会功能，理解音乐与社会生活的关系。

4. 音乐教学设计方法与技能

掌握教学设计的方法和技能，达到会备课、会说课的要求；在教学目标设计中，渗透音乐文化进行品德教养、性情陶冶，实施与达成“立德树人”的目标。落实教学实施的方法和流程，具有较熟练的小学音乐教师职业技能和一定的实际教学能力，达到会上课的要求。

5. 音乐课程评价原则

掌握课堂教学观察、课堂教学评价和课堂教学研究的技能，达到会评课和会研

笔记栏

课的要求。

三、学段目标

义务教育阶段的9学年分为4个学段，小学阶段涉及的3个学段的音乐课程目标按《义务教育艺术课程标准（2022年版）》分别表述如下。

（一）第一学段（1—2年级）

（1）能体验音乐的情绪与情感，了解音乐的基本特征，感知音乐的艺术形象，对音乐产生兴趣。在音乐体验中唤起爱党、爱国、爱家乡的情感，初步具有乐观的态度以及对身边人的友爱之情。

（2）能积极参与演唱、演奏、歌表演、律动、音乐游戏、舞蹈、戏剧表演等艺术活动，积累实践经验，享受艺术表现的乐趣，在各种艺术实践中初步建立规则意识和合作意识。

（3）对音乐有好奇心和探究欲，能在探究声音与音乐的过程中表达自己的想法和感受。

（4）初步了解中国音乐文化和世界多元音乐文化。

（5）对身边的音乐和音乐现象感兴趣，能与他人分享、交流自己的发现和感受。

（二）第二学段（3—5年级）

（1）具有丰富的音乐情绪与情感体验，在与音乐作品的情感共鸣中焕发爱党、爱国、爱社会主义的情感，具有乐观的态度以及对美好事物的关爱之情；感知、体验、了解音乐的感性特征和审美特质，养成良好的欣赏习惯，能对音乐作品和音乐活动进行简单评价；增强对音乐的兴趣。

（2）能自信、自然地进行演唱、演奏、歌表演、律动、音乐游戏、舞蹈、戏剧表演等艺术活动，乐于表达自己独特的感受和想法，在实践中增强规则意识、责任意识和学习意志力等，发展交流与合作能力。

（3）对音乐保持好奇心和探究欲，能在探究、即兴表演和编创等艺术创造活动中展现个性和创意。

（4）增进对中国音乐文化的了解和喜爱之情，了解世界多元音乐文化，开阔文化视野。

（5）关注社会生活和社会文化中的音乐现象，对音乐与姊妹艺术、其他学科，以及个人、自然、生活、社会、科技的联系有初步的了解。

（三）第三学段（6—7年级）

（1）领悟音乐的思想感情和内涵意蕴，增强爱党、爱国、爱社会主义的情感和

笔记栏

乐观的态度，以及对美好事物的热爱之情；加深对音乐感性特征和审美特质的感知、体验与理解，提高音乐欣赏和评述能力；对音乐有较浓厚的兴趣。

（2）乐于参与多种与音乐相关的艺术表现活动，展现自己的个性化理解和创意，在实践中增强交流与合作能力，学会尊重、理解和包容他人，养成守规则、负责任等良好品质。

（3）能选用合适的音乐作品表达自己的情感，编创与展示简单的音乐作品，具有一定的想象力和创造力。

（4）理解中国音乐文化中的中华美育精神和民族审美特质，增强文化自信；进一步了解、尊重世界多元音乐文化。

（5）能从文化的角度理解音乐与姊妹艺术、其他学科，以及个人、自然、生活、社会、科技的广泛联系，对社会生活和文化中的音乐现象有自己的想法。

第三节 小学音乐教材

通过网络观看小学音乐的优质课例，思考思政教育如何与课程内容相结合，请你简单地概述出来。

1. 简述音乐教材编写的原则。
2. 谈谈在小学音乐教材的使用过程中如何把握正确的价值导向。
3. 谈谈乡土教材的开发与利用。

一、小学音乐教材编写的指导思想

教材是教师和学生据以进行教学活动的材料，是教学活动的主要媒体。其范围包括教科书、教学参考资料、教学辅导资料（如音乐挂图、教学光碟、教学软件）等文字材料和视听材料。其中，教科书是教材中的主体部分。教材极大地影响甚至决定着一门课程的性质和作用，影响学生的学习经验和知识的获得。教材是师生对话的一个“话题”，一个“引子”，或者一个案例，而不是课程的全部。

教材的核心是教育价值观。教材是开展教学的内容依据，是完成教学计划、实

笔记栏

施教学大纲的基本材料。在音乐教学中，歌唱、器乐、欣赏等都必须根据特定内容进行。因此，教材是在教学活动中普遍存在的客观实体。它不仅依存于教学计划、教学大纲、课程标准，而且和师资、教学方法、教学设备共同构成音乐教育的系统工程。对学生来说，音乐教材提供了具体的学习材料，其质量的优劣、水平的高低直接影响到音乐的学习效果。而对教师来说，音乐教材是完成教学任务、实现教学目标的具体依托，在很大程度上影响着教学质量。因此，小学音乐教材的编写要从以往的“教程式”变为“学程式”。“学程式”音乐教材的目标是满足学生的学习需要，遵循音乐学科的逻辑结构，与学习心理规律有机结合，创造有效的音乐教学策略或方式，开发各种音乐资源。同时，“学程式”音乐教材应符合课程标准的要求，体现学生身心发展的特点，反映社会、政治、经济、文化、科技等发展的要求，为学生提供丰富的学习机会，其最终目标是使学生在教师的引导下获得丰富的音乐知识。

在以学习为本的价值观的指引下，小学音乐教材编写的指导思想要体现“以学生发展为本”的理念，体现音乐艺术的特点与音乐学科教学的特点，体现现代音乐课程的多元化、精品化和时代化的特点。小学音乐教材应是帮助学生进行学习并学会学习的工具，是引导学生学习人类已有经验和知识的媒介，是课堂学习的知识资源，是促进学生形成健康的情感态度和正确的价值观的催化剂。小学音乐教材应有利于引导学生利用掌握的知识和经验，主动探索更多的知识，同时应有利于教师创造性地开展教学。切忌把小学音乐教材当作音乐知识的汇编，要按照学生的认知发展规律和学校的实际教学情况来设计和编写小学音乐教材。教学内容的组织应多样而生动，要有利于学生拓展探究，提出观察、操作、调查、实验和讨论的建议。在对音乐知识的陈述方式上，要超越“作者独白式文字阐述”，走向“多维对话式语言表达”，激发学生学习音乐的兴趣，提高学生的创造力。

小学音乐教材不仅要方便教师组织教学，更应体现教学过程中学生的主体性，有利于学生进行探究式和合作式的学习。

二、小学音乐教材的编写原则

小学音乐课程的基本理念、目标是小学音乐教材编写的重要依据，小学音乐教材又是小学音乐课程内容的具体体现。一般来说，小学音乐教材编写要遵循以下原则。

（一）坚持育人导向，以审美为核心

《义务教育艺术课程标准（2022 年版）》指出：“教材建设是国家事权，必须体现国家意志。”“艺术教材的编写要坚持以习近平新时代中国特色社会主义思想为指导，牢牢把握正确的政治方向和价值导向，确保党的教育方针落实到教材的各个环节。”加强中华优秀传统文化教育、爱国主义教育、集体主义教育、社会主义教育，培养德、智、体、美、劳全面发展的社会主义建设者和接班人。

音乐教育的本质是审美教育，美的感受必须通过自身的体验才能获得，因此音乐审美教育首先要完整地体现在音乐教科书中。音乐教学内容是音乐教学的依据，是学生获得审美感受和体验的客观条件。因此，选择具有欣赏价值、能够唤起美感的作品作为音乐教学内容是极其重要的，它是实现音乐教学以审美为核心的基础和前提。

音乐教材的审美因素包括立意美、情境美、音韵美、曲调美、配器美、伴奏美等。教材的曲目选择，在考虑作品的经典性、时代性、艺术性、民族性基础上，应注重可听性与可唱性，选择朗朗上口、易唱易记、贴近学生生活的曲目，表达学生的心声，让学生爱听、爱唱。只有优美的曲调，才能产生动人、感人的艺术魅力，使学生听了还想听、唱了还想唱，百听不厌、百唱不烦。这种曲调和音韵的美吸引着学生，久而久之自然就形成了“润物细无声”的审美功效。

（二）精选内容素材，以音乐文化为主线

《义务教育艺术课程标准（2022 年版）》指出：“内容素材要体现中华民族共同体意识和国际视野”“突出思想性、经典性、时代性、民族性、实践性，有效满足学习任务要求，落实核心素养培育。注重发掘学生身边的生活和艺术现象，使学生在学习过程中有代入感和参与感，激发学生的学习兴趣和探究欲望。”

音乐是人类最古老、最具普遍性、最有感染力的艺术形式之一，是人类文化的一种重要形态和载体。千百年来，音乐伴随着人类文明进步的步伐，孕育和积淀着厚重的人类精神食粮与文化果实，推动着社会的发展。音乐教材虽然有其自身的知识技能体系与学科特征，但对于基础音乐教育的小学音乐课程来说，主要还是强调对文化层面的学习。因此，教材把音乐置身于文化背景之中，教材内容关注与强调音乐与人、音乐与自然、音乐与社会、音乐与民族、音乐与世界的必然联系，贯穿着一条鲜明的文化主线。内容素材的形式要多样，包括文字、图片、音乐、视频、案例、故事等，为学习情境的创设提供丰富的素材，使学生在知识建构的过程中和对知识意义的体悟中逐步发展核心素养。教材应分别选择表现儿童现实生活与小学生成长、发展，表现大自然中的各种现象与情景，表现丰富多彩的社会生活，表现祖国各民族优秀的音乐文化，表现世界不同国家、地区和民族的音乐文化等各类音乐作品，以使学生全面地了解音乐文化，开阔艺术视野，提高音乐文化素养。

（三）优化组织结构，以学生发展为中心

《义务教育艺术课程标准（2022 年版）》指出：“鼓励以灵活多样的方式构建艺术教材的框架和内容，突出主题化、生活化、情境化、项目式、任务驱动等新的学习理念和方式。提倡以单元的形式组织学习内容。”

单元结构应根据不同的任务、学生的年龄特征确定，将学习内容重新设计、整合，处理好学科逻辑与生活逻辑的关系，使教材成为教学的载体。教师可以发挥主

笔记栏

动性，灵活地安排每一课的内容，独具匠心地设计每一课，让学生主动、愉快地学习，生动、活泼、健康地发展。学生们可以领略到同一单元主题所体现的文化内涵和人文精神，可以感受到同一单元主题中不同的音乐体裁、题材、形式和风格，可以获得更多的知识、信息，更可以将这些知识、信息由课内延伸到课外，实现从学科本位、知识本位到素养本位的转型。

传统的音乐教材编写往往从教师的“教”考虑，无论是教材内容还是教学方法，都强调以教师为主，很少考虑学生的“学”，其理念是建立在“教师中心”上的。而“以学生发展为中心”的音乐教材编写理念，是从学生的需要出发，教材内容贴近学生的学习经验、生活经验，为学生所熟悉、所了解，这就会使学生更加喜欢音乐课，对之产生浓厚的兴趣，愿意学，乐于做，敢于创，让音乐作为其生活的一部分，伴随其持续发展。教材中呈现的教学目标，改变了以往教材空洞、生硬、宽泛的现象，变得具体、有效和可操作。特别是内容设计贴近学生生活，都是来源于学生生活，都是学生渴望学习、渴望了解、渴望参与的内容，更易激活学生已有的生活经验，无论是歌曲、欣赏、表演还是创造，都力图体现出让学生感兴趣，易于接受，愿意参与，敢于创造、表现的教育理念。

（四）丰富教材形态，以音乐实践为基点

《义务教育艺术课程标准（2022年版）》指出：“在编写传统纸质艺术教材的同时，要与时俱进，适应数字时代的要求，构建具有视、音、图、文等要素的数字教材，体现直观性、交互性、趣味性。通过构建纸、电联动的新型艺术教材，多角度、多维度地呈现艺术教材的内容，提高学生的学习积极性和学习效率。”

音乐学科有很强的实践性，因此，音乐教材要有利于学生的参与和实践，有利于学生感受、体验、表现、鉴赏音乐的美。在音乐新课程的各版本音乐教材中，一改以往罗列知识、堆砌概念，以枯燥讲述为主的老面孔，代之以形象直观、生动活泼、能够操作的演唱、演奏、表演、创作、鉴赏等各方面的音乐实践活动。有的教材每个单元均体现出聆听、表演、编创等实践活动，有的教材设有专栏“编创与活动”并编入大量的音乐实践内容，为学生创设了广阔的音乐实践舞台，提供了大量艺术实践空间，让学生在活动中体验音乐的美感，了解音乐文化，积累音乐知识，提高音乐能力。

三、小学音乐教材的特点

（一）以音乐审美为核心

小学音乐教材精选具有审美价值、能够唤起美感的曲目作为教学内容。音乐教学应该是师生共同体验、发现、创造、表现和享受音乐美的过程，强调学生的情感体验，把音乐知识与技能的学习有机地渗透到音乐艺术的审美体验中。新教材摒弃

笔记栏

了传统的以音乐学科为知识体系的做法，不再以唱歌、欣赏、识谱等为单元进行教学，而是以引导学生感受、体验、表现、创造音乐美的实践活动为主线，设置情境主题活动领域，将音乐知识整合、融汇在其中，将多种不同的音乐形式完整地呈现出来，力求达到立意美、情境美、音韵美、曲调美、配器美、伴奏美。

例如，接力出版社 2013 年出版的小学音乐教材《一年级：下册》第一单元“小歌墟”板块中的“（演唱）《溜溜歌》”，歌词“两根溜溜板凳两排溜溜坐，两根溜溜板凳坐着小儿郎”，在教学中，教师可以采用边歌唱边做各种游戏表演的教学方法，巧妙地引出歌曲的含义，教育学生从小讲文明、守纪律、做事认真、团结友爱，让学生从流畅的歌曲旋律中感受同学之间的团结互助。再如，《一年级：下册》第二单元“小朋友喜爱的歌”板块中的“（演唱）《小青蛙》”、《二年级：上册》第六单元“猜猜乐”板块中的“（歌唱）《猜谜谣》”、《三年级：上册》第六单元“动画乐园”板块中的“（活动）我喜欢的动画人物”等贴近学生的生活，表达出了学生的心声。人民教育出版社 2013 年出版的小学音乐教材《二年级：上册》第六单元“下雪啦”板块中的《雪花》是一首欢快、活泼、富有童趣的儿童歌曲，通过学唱歌曲，体验冬天带给我们的美好感受，学生用欢快活泼的声音演唱，歌颂大自然，热爱大自然。这种立意与情境之美对学生有着深刻的感染力，会使他们的心灵萌发美的种子。这些优美的歌曲，使学生听了还想听，唱了还想唱，产生润物细无声的效果。小学音乐教师要善于挖掘教材中的审美因素，将自己的音乐审美体验积极地融入对教材的分析、处理中，在教学过程中使学生形成强烈而浓郁的音乐审美动力和审美渴望。

（二）注重情感、态度、价值观的教育

小学音乐教材将情感、态度、价值观的教育有机地融入教材内容之中，重视音乐对人的情操的熏陶，把音乐知识、演唱技巧、音乐审美与文化素养的培养有机结合在一起。

例如，接力出版社 2013 年出版的小学音乐教材和人民教育出版社 2013 年出版的小学音乐教材，将小学 4—6 年级的教材概括起来，每一个单元围绕一个主题，接力出版社的如《四年级：上册》第二单元“欢乐的歌儿唱起来”板块、《五年级：上册》第五单元“秀美江南”板块、《六年级：上册》第一单元“山水情”板块等，人民教育出版社的如《四年级：上册》第一单元“东海渔歌”板块、《五年级：上册》第三单元“欢乐的舞步”板块、《六年级：上册》第一单元“我的祖国”板块等，借助文学、诗词、美术、民间艺术等多种载体，通过听、唱、奏、视等形式把学生带入音乐世界，培养学生热爱家乡、热爱祖国的感情。另外，每册教材补充设置的单元中有“音乐知识”“相关文化”“音乐实践”“活动”等内容。学生通过欣赏不同民族、不同思想情感的音乐，可以获得不同的情感体验。教材中选编了表达乡情、亲情、友情的歌曲，可以使学生在对音乐进行探索、感悟、联想的过程中，培养真、善、美的情操，使学生逐步建立起对亲人、对祖国、对人民、对世界的热爱之情；

笔记栏

同时，使学生体验到不同民族、地区及国家的音乐的醇美多姿，增进学生对人类各种音乐文化的了解和认识，能尊重其他民族、地区与国家的音乐文化。这充分说明了小学音乐教材的编写者努力使教材内容具有“走进音乐世界”的丰富内涵，是教材最具特色、最精华的部分。

（三）重视音乐实践，鼓励音乐创造

音乐教学是音乐艺术的实践过程。因此，音乐教学应强调学生的艺术实践，积极引导学生参与演唱、演奏、聆听、综合性艺术表演和即兴编创等各项音乐活动，将其作为学生走进音乐、获得音乐审美体验的基本途径。

小学音乐教材突出对音乐实践能力与创新思维、创造能力的培养，所有的音乐实践活动设计都注重面向全体学生。每个学生都在其中担任一个角色，每个活动都注重学生的探究与创造，使每个学生都享有成就感，体验创造的快乐。教材从简单的填词、填音开始，逐步引领学生参与到各种唱游和即兴编创活动中。

例如，接力出版社 2013 年出版的小学音乐教材《一年级：下册》第一单元“小歌墟”板块中的“（活动）板凳龙”，当学生学会了壮族民歌之后，要求学生用歌曲的节奏填写新词并朗诵，培养学生举一反三的能力；在该单元的“（活动）师公舞”中，要求学生随着音乐节奏跺跺脚，表演壮族师公舞，从中感受音乐旋律的强弱变化。此外，教材还为学生留有许多发挥创作才能的空间。例如，接力出版社 2013 年出版的小学音乐教材《一年级：下册》第一单元“小歌墟”板块中的“（演唱）《比一比》”，要求学生围绕歌曲旋律和节奏模型，自己编创唱游活动，让学生根据音乐节奏即兴编创舞蹈动作，并边唱边表演出来，锻炼学生的想象能力和反应能力；《一年级：下册》第二单元“小朋友喜爱的歌”板块中的“（活动）小朋友爱唱歌”，要求学生跟随旋律打节奏、即兴敲击乐器；《二年级：上册》第三单元“悦耳的叮当声”板块中的“（演唱）《小时钟的歌》”，要求学生配合歌唱，自己编创舞蹈动作，并边歌唱边舞蹈；《二年级：上册》第四单元“童声童趣”板块中的“（演唱）《小星星》”和“（听赏）《猜一猜》”，要求学生自己思考歌曲中所提的问题，自己找出答案并表现出来。另外，教材中关于知识与技能的内容，在教法上都要求做到不先讲结果，而采用启发式的教学方法由学生感知得到。例如，人民教育出版社 2013 年出版的小学音乐教材《一年级：下册》第一单元“有趣的声音世界”板块中的“大鼓和小鼓”，让学生通过活动和听赏把力度记号“f”和“p”听辨出来，从而认识这两个记号；《四年级：下册》第四单元“唱歌”板块中的《木瓜恰恰恰》，先让学生自己感知歌曲旋律的韵味和节奏韵律，再上升为对切分节奏的认知。总之，教材强调引领学生以自由、即兴的创作方式表达他们的内心情感，学习简单的音乐创作常识和技能，以培养他们的创造性思维。

笔记栏

（四）处理好音乐技能与音乐审美的关系，做到循序渐进

以音乐审美为核心的教育与掌握必要的音乐技能的教育不是对立的，而是相辅相成的。在进行音乐审美教育的过程中，如果学生连基本音高都唱不准，音的高低都听不出来，要想达到审美教育的目的是很困难的；反之，若完全脱离音乐审美教育而以知识与技能的传授为主线，那也只能回到传统的音乐教育方法上去。

因此，小学音乐教材的编写力求在音乐审美过程中，循序渐进地贯穿一些基本的技能学习，让学生在游戏中不知不觉地、愉快而又轻松地掌握一些基本的音乐技能。例如，接力出版社2013年出版的小学音乐教材《一年级：下册》第四单元“有趣的动物世界”板块中的“（听赏）《八只小鹅》”，通过听赏歌曲中的歌词“呷呷呷呷”，引出了八只在快乐玩耍的小鹅形象，并且引出了“××××”这一节奏型，然后在后面几册中采用其他方式不断巩固所学的节奏型。

小学音乐教材的编写还十分重视音高概念的建立。在小学音乐教育中，音高概念的建立不仅是重点，而且还是一个难点。在小学音乐教材的编写中可以采取以下方法来帮助学生建立音高概念：第一，有计划地从所学的歌曲中提炼出简单的音高片段，让学生感知音的高低，并借助一些方法唱准高低不同的音；第二，采用“少吃多餐”的方式，不断地出现音高概念，不断地巩固难点；第三，在游戏中边玩边学。例如，接力出版社2013年出版的小学音乐教材《一年级：下册》第六单元“运动与节奏”板块中的“（活动）快乐的课间活动”，其中的音乐游戏“跳格子”，就是为了巩固do、re、mi、sol、la五个音的音高而设计的活动。

针对音乐基本知识、基本技能的教学内容，教材力求做到循序渐进地安排。例如，人民教育出版社2013年出版的小学音乐教材中关于音高的概念首次出现在《三年级：上册》第一单元“唱歌”板块中的《快乐的do re mi》，学生通过学习这首歌曲，认知do、re、mi的音高。随后，在其他几册中陆续认知和掌握新的音高，音高学习的安排是与所学歌曲有机地联系在一起的。

对其他各种音乐要素的认知，在小学音乐教材中以音乐游戏、音乐表现或音乐审美活动等形式进行安排。例如，在接力出版社2013年出版的小学音乐教材中，学生对力度的认知是通过《一年级：下册》第三单元“敲锣打鼓”板块中的“（活动）锣鼓咚咚响”，以听辨的方式初步完成的，并在以后各册中反复认知；学生对速度的认知是通过《一年级：下册》第六单元“运动与节奏”板块中的“（演唱）《打陀螺》”和“（演唱）《滚铁环》”来进行的；学生对音色的认知是结合表现动物的乐曲，如用长笛表现小鸟、用小提琴表现小白兔、用大提琴表现兔妈妈、用低音提琴表现大象、用双簧管表现小鸭子等来进行的；为了巩固学生对乐器的认知，在《三年级：上册》第三单元“竹乐悠扬”板块与《四年级：上册》第三单元“弦歌声声”板块中编入了有关的内容。

笔记栏

（五）以学生认知发展规律和心理特点来组织教学内容

根据不同学段的课程目标，小学音乐教材的内容编排应思路清晰、层次分明。

1—2 年级学段的教材，从曲目选择、活动方式、版式设计到乐谱制作，都应注意活泼生动、趣味盎然。例如，接力出版社 2013 年出版的小学音乐教材《一年级：下册》第二单元“小朋友喜爱的歌”板块中的“（演唱）《睡吧小宝贝》”、《二年级：上册》第三单元“悦耳的叮当声”板块中的“（活动）五个好伙伴”、《三年级：上册》第一单元“圆又圆”板块中的“（活动）大圈小圈转起来”等，人民教育出版社 2013 年出版的小学音乐教材《一年级：上册》第三单元“读童谣找朋友”板块中的“（唱歌）《好朋友》”、《二年级：上册》第六单元“下雪啦”板块中的“（歌表演）《小动物告别会》”、《三年级：上册》第三单元“进行曲”板块中的“（活动）出旗”等，均充满浓郁的儿童生活气息。另外，根据低幼阶段儿童活泼好动的特点，每册教材补充设置的单元中有“音乐知识”“相关文化”“音乐实践”“活动”“音乐家的故事”等内容，让学生在玩耍中轻松地体验音乐、学习音乐。

在 3—5 年级学段，小学音乐教材中应增加音乐艺术与人文相关的教学内容。例如，接力出版社 2013 年出版的小学音乐教材《三年级：上册》第六单元“动画乐园”板块中的“（演唱）《天地之间的歌》”、《四年级：上册》第六单元“音乐与童话”板块中的“（演唱）《永远住在童话里》”、《五年级：上册》第一单元“唱起来”板块中的“（演唱）《千年万代不断歌》”等，人民教育出版社 2013 年出版的小学音乐教材《三年级：下册》第六单元“五十六朵花”板块中的“（欣赏）《阿拉木汗》”、《四年级：上册》第六单元“八音盒”板块中的“（欣赏）《匈牙利舞曲第五号》”、《五年级：上册》第六单元“新年音乐会”板块中的“（唱歌）《平安夜》”等，用不同的方式向学生介绍中国音乐文化和世界多元音乐文化，内容生动又不失严谨。

（六）注重对音乐课程资源的开发利用

小学音乐教材应根据各地域的特点，突出地方传统音乐文化特色，紧密联系课程思政开展教学活动。例如，接力出版社 2013 年出版的小学音乐教材《三年级：上册》第三单元“竹乐悠扬”板块中的“（听赏）《弥渡山歌》”、《四年级：上册》第五单元“黄土高坡”板块中的“（听赏）《放风筝》”、《五年级：上册》第五单元“秀美江南”板块中的“（演唱）《杨柳青》”、《六年级：上册》第一单元“山水情”板块中的“（演唱）《万泉河水清又清》”等，人民教育出版社 2013 年出版的小学音乐教材《四年级：下册》第二单元“五十六朵花”板块中的“（唱歌）《唱山歌》”、《五年级：下册》第二单元“五十六朵花”板块中的“（欣赏）《瑶族舞曲》”、《六年级：下册》第五单元“母亲河”板块中的“（音乐家的故事）冼星海与《黄河大合唱》”等，让教材更具地域性和民族性特色，以利于培养学生对民族英雄的敬仰，对祖国和家乡的热爱之情。

笔记栏

四、小学音乐教材的使用

（一）尊重教材，活用教材，创造性地使用教材

音乐教学要立足教材、尊重教材，在此基础上去研究如何灵活运用教材，创造性地使用教材。要理解本校学生的音乐文化素质和审美情趣，钻研教材，“选”“补”结合，使教材承载的文本信息、音像素材以及教学理念转化为极富感染力的课程资源。

1. 精选教材内容

选择贴近学生生活、能满足学生需要的内容。面对众多的教学素材，教师要有自己的眼光和主见，根据当地实际情况，结合本校学生的兴趣爱好，选择最能吸引学生兴趣的内容，再结合教师自身的专业特长，“裁剪”出适合本校学生的教学资源。每首音乐作品所涵盖的教学内容都是极为广泛的，从创作背景到音乐风格，从力度、速度到节奏、音色，从调式、调性到曲式结构等内容，在一节课里不可能都学习到。因此，所选的内容必须最能表现音乐作品的特点，要采用最能表现音乐意境的手段等。例如，讲壮族音乐，就要抓住壮族音乐的节奏特点和极富异域色彩的调性风格，而不是讲壮族居住地迷人的风光。

2. 补充教材内容

教师可根据教材内容补充更为鲜活的题材。例如，接力出版社 2013 年出版的义务教育教科书音乐（简谱）教材，在每册中补充设置了“音乐大本营”的内容，该内容的教学目标是使学生了解音乐来源于生活，生活中处处有音乐。在地方和校本教材中，所选用的音乐应更具有地域性和针对性，更加贴近学生生活。例如，可增加生活中的音响，如闹钟的声音、母鸡叫的声音、门铃的声音等，引发学生领悟生活中的许多声音原本就具有音乐要素，如节奏、音色、音高等；可选用人声模仿场景的“汽车广告音乐”的视频，使学生理解作曲家是如何择取生活中的声音要素来创造音乐的；还可增加“动物狂欢节”的内容，让学生感受音乐与大自然的美妙结合。这种在原有教材基础上联系生活实践补充的教材内容，往往能在教学中获得较好的效果。

（二）开发利用乡土音乐教学资源

在小学音乐教育中，应结合当地人文地理环境和民族文化传统，开发具有地区、民族和学校特色的音乐课程资源。也就是说，各地、各校可以编写乡土音乐教材和本校音乐补充教材，以供教学使用。我国民族众多，各地音乐文化各具特色，教师可着眼于实际，从学生的生活方面入手，从当地的文化氛围中寻找资源，从现有的教材中发掘乡土音乐资源，如选取一些有当地特色的民歌或戏曲音乐，结合教材内容进行教学。例如，在讲授“壮族迎客歌”时，可通过亲自拜农民歌手为师，并采用录音、录像，实地采风，请农民歌手进课堂为学生唱壮族山歌等方式，将乡

笔记栏

土音乐资源运用在音乐教学中，拓宽教学途径，丰富教学内容，既让学生对壮族山歌有更多的认识，也能较好地开发乡土音乐资源。

（三）合理利用教师教学用书等参考资料

教材有一个鲜明的特点，就是教学参考资料内容丰富、翔实。参考资料既有包括作品简介、作曲家介绍、作品相关知识、教学方法等文字内容的教师教学用书，又有精美的课件、优质的音响。例如，有的教材在教师教学用书中提供每个单元的教学计划建议表、教学要求、教材分析、教学设计、教学评估等资料，有的教材在配套光盘中提供专家介绍教材编写的基本思路、教材的基本特点和基本框架，以及音乐课堂教学实录等资料。在音像资料的配备上，有的教材不但有教师在课堂上用的音像资料，还有学生用的音像资料，把课堂教学延伸到课外，有利于学生更好地学习音乐、享受音乐。这些资料能帮助教师更好地使用教材。但教师也应因时、因地、因人的不同，调整、补充教材内容，使音乐课堂更加丰富多彩、与时俱进。例如，接力出版社 2013 年出版的小学音乐教材《六年级：上册》第六单元“古诗新韵”板块中的“（演唱）《凉州词》”“（演唱）《静夜思》”“（演唱）《江雪》”等，教师教学用书中只提供了演唱版本，教师就要针对学生对古曲陌生、不太感兴趣的情况，找到配套的动画版本进行对比教学。这样做既可提高学生的学习兴趣，又可通过演唱不同版本的歌曲，探讨古人和现代人对事物的态度，以便学生更好地感受音乐、理解音乐。

音乐挂图包括中外音乐家画像，中外乐器图片，歌唱姿势、口形图，乐理知识图等。音乐书刊有音乐理论书籍、音乐教学研究论著、教学参考资料、音乐工具书、歌曲集、乐曲解说、音乐刊物或杂志等。这都是音乐教师必备的教学资料，应经常添置，并妥善保存。

“山因势而变，水因时而变，人因思而变”，一个善于思考的教师应该没有永远固定不变的教材。教好教材中的音乐能成为一位合格的音乐教师，而通过教材教好音乐则能成为一位优秀的音乐教师。在小学，音乐学科不像语文、数学那样是有考试试卷和标准答案的科目，对学生的学科评价比较灵活，小学音乐教师要在尊重原有教材的基础上活用教材，教自己所擅长、爱好的与学生所喜欢的内容，以导师的角色巧用教材，从而肩负起音乐教育的责任。

笔记栏

总结与反思

思维导图

请你将本章所学内容加以总结，用思维导图的形式画在下方。

工学结合

1.与同学讨论：如何理解小学音乐的教育目标？其与课程目标有什么联系和区别？

2.音乐教材的使用在实践教学中如何实施与贯彻？

3.结合当地人文地理环境和民族音乐文化传统，准备一份教学设计案例。

笔记栏

学习评价

评价内容	评价指标	分值	学生自评	教师评分并点评
小学音乐的教育目标	准确指出小学音乐教育的终极目标、社会目标、本体目标	15		
区分小学音乐教育的学段目标	能够区分每个学段目标的侧重点，并能够熟悉基本框架	25		
小学音乐课程的核心素养内涵	准确指出音乐课程的核心素养内涵，并能够列举出每个素养在音乐课堂中的内容及作用	10		
掌握小学音乐教材的编写原则	能根据教材编写原则，掌握教材编排特点，根据不同学段进行教材运用	20		
小学音乐教材与乡土音乐资源相结合	能阐述如何将乡土音乐资源合理运用到小学音乐教材	15		
教师教学用书等参考资料	能在尊重原有教材的基础上活用教参，教自己所擅长、爱好的与学生所喜欢的内容	15		
总评		100		

拓展阅读

《义务教育艺术课程标准（2022 年版）》，中华人民共和国教育部，北京师范大学出版社。

第三章

小学生音乐心理的发展

▶ 素质目标

1. 通过分析小学生音乐心理发展的一般规律，分析小学生的行为并进行案例分析，从而引导学生树立正确的教育观、职业观，达到思政育人的目标。

2. 正确看待心理健康，积极提升心理健康水平。

▶ 知识目标

1. 掌握音乐教育心理学发展概述。

2. 全面了解小学生音乐学习的心理特点。

3. 掌握不同年龄段学生音乐学习的心理发展过程和特点。

4. 掌握音乐心理发展在音乐教育中的综合应用。

▶ 技能目标

1. 能够运用音乐教育的基础心理学知识和基本原则指导教学。

2. 能结合小学生的心理发展特点与音乐课程内容展开分析、阐述和讲解。

3. 能运用小学音乐心理发展规律开展课外艺术活动。

▶ 情感目标

1. 能够把握小学生的心理特征，激发他们的丰富情感，进行音乐教学。

2. 能根据小学生的心理特征做好欣赏教学与兴趣培养。

3. 能结合不同年龄段学生的审美态度，引导和激发学生学习音乐的兴趣。

音乐心理学是用心理学的方法及理论研究音乐与人的各种心理现象的相互关系，并找出其规律的学科。它是以心理学理论为基础，汲取生理学、物理学、遗传学、人类学、美学等有关理论，采用实验心理学的方法，研究和解释人由原始（初生）到高级的音乐经验和音乐行为的心理学分支。音乐教育心理学属心理学范畴，是音乐教育学和音乐心理学相互借鉴、相互渗透的一门交叉学科，从心理学的角度来研究音乐教育的心理活动，是一门实践性很强的应用学科。

笔记栏

第一节 音乐教育心理学发展概述

通过文献、网络查阅音乐心理学在儿童音乐教育中的应用。

用图示表示音乐教育心理学在不同时期的发展过程。

一、古代音乐教育心理学的发展

我国古代史书中就有关于研究心理学、音乐心理学、音乐教育心理学的理论。荀子在《乐论》中指出："故乐行而志清，礼修而行成，耳目聪明，血气和平，移风易俗，天下皆宁，美善相乐。""夫声乐之入人也深，其化人也速。"战国时期的公孙尼子认为，音乐是表达人们思想感情的语言，会与欣赏者产生内心情感的共鸣。他在《礼记·乐记》中记载："乐者，音之所由生也；其本在人心感于物也。是故其哀心感者，其声噍以杀；其乐心感者，其声啴以缓；其喜心感者，其声发以散；其怒心感者，其声粗以厉；其敬心感者，其声直以廉；其爱心感者，其声和以柔。六者非性也，感于物而后动。"《礼记·乐记》继承并发展了儒家关于音乐的理论，形成了较为完整的体系。

宋代理学的代表人物朱熹与程颐均重视音乐教育。程颐认为，在少年儿童教育中加入诸如日常劳动、问答、礼仪等内容的歌曲，并配之以舞蹈动作，可以激发儿童的学习兴趣，起到深入浅出、易于接受、寓教于乐的作用。朱熹赞同程颐的观点，他将学校教育划分为小学与大学两个阶段。在小学阶段，音乐教育是重要的教育内容之一。

清末，康有为针对不同年龄阶段学生的学习心理发展特点，将学校教育划分为育婴院教育、小学院教育、中学院教育与大学院教育四个阶段，在每个阶段均贯穿音乐教育的内容。例如，在育婴院教育阶段，针对"婴儿能歌"的音乐学习心理特点，教习"仁慈爱物之旨以为歌"，以培养幼儿仁爱、慈善等优良品德；在小学院教育阶段，针对"儿童好歌"的特点，编唱"古今仁智"等内容的歌曲，以重视音乐教育所具有的德育与美育功能，重在涵养其性。康有为的这种音乐教育心理学思想对后世产生了深远的影响，对今天的音乐教育工作亦具有一定的指导意义。

笔记栏

二、现代音乐教育心理学的发展

20 世纪 50 年代以后，系统论、控制论和人工智能等理论的逐步出现为音乐心理学和教育心理学的发展提供了养料，使音乐教育学和音乐心理学的内容更加丰富，涉及的范围也更加广泛。音乐教育心理学与音乐教育学、音乐心理学既相互联系，又有一定的区别。音乐教育心理学在发展的过程中，从这些学科中吸收大量养分，同时还有其自身的研究重心。音乐心理学主要研究人们对声音的知觉、对音乐的记忆、对音乐的想象和对音乐的感觉等。现代音乐心理学的主要研究成果大多集中在音乐知觉方面。音乐教育心理学主要研究音乐教育中的心理现象与规律。曹理教授指出："音乐教育心理学，既不是简单地应用心理科学的理论知识来解释或说明音乐教育教学现象，也不是把音乐教育和教学过程当作心理活动的一般过程，而是要揭示在音乐教育教学情境中，学生的外部信息与内部信息的交换过程和师生交互作用所引起的机能系统的变化与控制的规律。"总之，音乐教育学与音乐心理学的科学整合，是在音乐教育过程中贯穿心理教育，根据学生的心理特点和音乐学科的特点，教师在学生感受、体验、表现以及创造音乐的过程中，施加心理影响并与学生的自主构建相互作用，从而培养学生健康的审美情趣和良好心理素质的一种教育艺术。音乐教师应该很好地掌握和运用音乐心理教育方式，以情感人，以美育人，提高和发展学生的音乐素质。

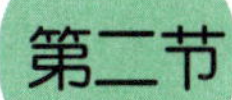

第二节 小学生音乐学习的心理特点、心理过程

乐查

通过数据、文献查阅如何基于小学生音乐学习的心理特点融合音乐教育。

善思

1. 概述小学生音乐学习的心理特点。
2. 概述小学生音乐学习的心理过程。

小学生的认知发展处于具体运算阶段，此阶段儿童的注意力与活动能力得到了进一步的发展。小学生的生理、心理特点决定了小学生音乐学习的心理特点。

笔记栏

一、小学生音乐学习的心理特点

叶朗教授认为，7—9 岁的儿童处在“写实阶段”的高峰，他们对任何艺术作品都以像和不像的刻板标准来评价；9—13 岁的儿童才能逐步学会以审美的态度来对待艺术作品，并形成对风格、表现性等审美特性的知觉敏感性。

小学生对待老师的提问，一般与幼儿保持同样的态度。小学低年级学生的审美态度处于写实阶段，他们评价音乐作品的标准是音乐作品所刻画的艺术形象与现实生活中的实际形象是否相似。小学三年级开始是小学生音乐审美意识正式形成与发展的时期，尤其是随着个性的发展，他们开始对音乐作品表现出真正的审美态度。

（一）音乐感觉与知觉的迅速发展

舒特·戴森和加布里埃尔论述了小学生音乐能力发展的年龄阶段性特点，他们认为，7—8 岁的儿童有鉴赏和音是否协和的能力；8—9 岁的儿童在歌唱及演奏乐器时，节奏感较过去有很大的发展；9—10 岁的儿童对节奏、旋律的记忆得到改善和提高，逐步具有韵律感，能感知二声部旋律；10—11 岁的儿童能建立和声的概念，对音乐的优美特征已有一定程度的感知力和判断能力。美国的道罗西·麦克唐纳指出，一个人在 9 岁以后，最基本的节奏技能，如保持一个稳定的节拍等，是不能有实质性的改变和提高的。汉克与兹亨的一项研究成果也证实，儿童的音乐才能在 10 岁前就已经显露无遗了。小学生的音乐能力随年龄的增长而逐年增强，主要表现在音高辨别能力的提高、歌唱能力的改善和对节奏的把握等方面。

小学生的感知觉已逐渐从幼稚期的凭兴趣和不随意性、短暂不稳定性、被动性向随意选择性、较持久稳定性、主动性方向发展，并能较为准确地形成音乐形状知觉、音乐大小知觉、音乐距离知觉、音乐立体知觉、音乐方位知觉等。但小学生的这种有意识、有目的的感知觉及观察能力仍是有限的，且难以较完整、较深刻地把握音乐的整体性与意义。

曹理、何工先生在《音乐学习与教学心理》中写道：“小学生在音乐能力方面，每年都在迅速发展。小学低年级学生，通过‘游戏’对音乐的体验有了显著的增长。这个时期是对节奏的感受力迅速增长的时期，也是听觉最敏感的时期，凭感觉把握音乐，用耳朵去感觉记忆，对音乐节奏和旋律，可以通过身体动作做出反应。小学中年级是儿童发展音乐感知能力的最佳时期。”

（二）无意注意开始向有意注意发展

音乐注意不仅仅指向音乐学习、音乐表演，而且也常常指向音乐的情感体验。音乐注意在音乐心理活动中起着重要的作用，它使音乐活动具有一定的指向性（即所有的感觉器官都尽力去捕捉注意指向的音乐信息），不但能使音乐活动指向集中，音乐思维及肢体反应及时而准确，而且能使音乐活动处于一种积极的状态。

一般来说，5—7 岁的儿童，有意注意的时间是 10—15 分钟；7—10 岁的儿童，有意注意的时间是 20 分钟左右；10—12 岁的儿童，有意注意的时间则为 25 分钟左右；12 岁儿童的有意注意时间约 30 分钟。这说明随着年龄的增长，音乐注意逐步明确，注意时间越来越长。小学阶段的学生，无意注意开始向有意注意发展，但持续时间不长。因此，在音乐教学中，必须运用多种手段，例如讲故事、做游戏、猜谜语、生动的多媒体课件等，来引起学生的有意注意，才能使他们有效地学习音乐，同时不断地培养他们对音乐的有意注意。

（三）音乐记忆逐年得到发展

音乐是聆听的艺术，虽然伴随音乐的视觉、运动觉可同时进入记忆，但是对音响的识记仍是实现记忆的基本前提。对音乐的记忆根据聆听者的参与情况可以分为有意识记和无意识记；根据记忆的时间长短可以分为短时记忆、长时记忆与永久记忆；根据记忆的具体方式可分为形象记忆、逻辑记忆、机械记忆与理解记忆。

小学生的有意识记逐年得到发展，其中，低年级阶段的小学生擅长具体的形象记忆，高年级阶段的小学生逻辑记忆得到发展，但主要是以短时记忆为主，即记得快、忘得也快。所以，教师要经常运用音乐会、游戏等形式，帮助学生回忆学习过的音乐作品、音乐知识和音乐基本技能，将短时记忆转变为长时记忆或永久记忆。在培养学生的音乐记忆能力时，要根据不同年龄阶段学生的感知觉、想象、思维等特点，有区别、有针对性地进行培养与训练。例如，由于低年级学生的想象思维具有直观性和模仿性，往往是和某一具体的事物形象和人物形象相联系，所以，教师在音乐欣赏教学中可适当利用挂图和多媒体，直观形象地再现乐曲所表现的音乐意境与形象，使学生得到视觉享受，从而提高欣赏水平和对乐曲的理解能力，将学生对音乐的短时记忆转变为长时记忆甚至永久记忆。随着年龄的增长，高年级学生的逻辑记忆得到较大发展，他们在记忆一段音乐时不再局限于其直观的形象，此时，教师要善于引导学生结合音乐的风格、音乐的各种元素、音乐所塑造的精神等，将其融入记忆，引导其形成永久记忆。

二、小学生音乐学习的心理过程

学习是个体后天与环境接触，凭借经验的获得而产生的比较持久的行为变化过程。就音乐学习来说，其行为包括感知、记忆、想象、思维等内部心理活动和言语表情，体现为形体动作等外部活动。音乐学习的心理过程可以说是学习者对音乐信息和音乐学习材料的感知、鉴赏、表现、创造等音乐实践活动过程。

在音乐学习的过程中，兴趣是学习的基础。由于大脑皮层有着较高的兴奋性，对外界刺激的感受就会较强，从而学习效果也会较好。兴趣有三个发展阶段，最初的兴趣属于有趣，这时候的兴趣不稳定也不专一；随着心理的发展，有趣发展为乐趣，这时候的兴趣相对稳定也较专一；当兴趣发展到最高的阶段，则称为志趣，这

笔记栏

个时候不但会有兴趣中心，而且对音乐的学习会更有信心、更加专心。

音乐学习的过程从本质上讲，就是学生通过外界信息来进行内在加工而获得能力的一个过程。在音乐学习的过程中，感知、记忆、思维构成音乐学习的基本心理过程。

音乐感知是学生音乐学习心理过程的起点，也是学习的基础。感知包括感觉和知觉。感觉是人脑对直接作用于感觉器官的客观事物的个别属性的反映，同样，音乐感觉是音乐直接作用于人的感觉器官时人脑中产生的对音乐及其相关事物的个别属性的反映。感觉是认识的初级阶段，知觉是在感觉的基础上对事物的综合性、整体性把握，是一种更加积极主动的心理活动。感觉是知觉的基础，知觉是感觉的深入，两者通常交织在一起，共同发挥作用。音乐思维则是对外界音乐信息特质的感知材料进行分析加工，揭示音乐的本质特征和规律的心理过程。科学思维是理性的、认知的、逻辑的思维，而艺术思维则是感性的、审美的、形象的思维。在抽象思维中，理智成分较为突出，而在形象思维中，感性成分较为突出，两者相辅相成，进而能准确地把握事物的本质。

第三节 音乐心理对人整体心理发展的作用

通过数据、文献查阅音乐心理对人的精神品格的影响。

1. 概述音乐心理对人整体心理发展的作用。
2. 简述音乐教育与心理教育相结合的发展趋势。

一、研究音乐心理对人整体心理结构发展的作用的意义

当我们谈论音乐教育对人的德、智、体、美、劳等方面都能起促进作用时，是基于这样一种假定的：我们所谈论的音乐教育都是正确、健康与良好的，不论如何去实行，只要是音乐教育就能收到有益的效果。然而，在很多场合中的音乐教育，并不像我们所假定的那样。例如，当家长逼着孩子在钢琴上进行枯燥的指法练习时，我们很难相信这样的教育对孩子的心理会起到良好的作用。

笔记栏

不同社会文化背景下的音乐教育，由于教育目的与教学方式不同，产生的教育效果也有差异。美国发展心理学家加德纳认为，中国教育家相信教育应从基本功训练开始，创造能力会随之发展；而美国教育家则认为教育应从启发创造力、想象力开始，相信基本功会随着需要而掌握。美国音乐教育的优势在于孩子们有充分的时间去自由探索不同元素以发展创造潜力，但其不足在于当他们要用音乐取得某种效果时，他们所掌握的技能往往不能保证其达到目的。而中国音乐教育则能确保让孩子们在技能上均取得一定的能力，但是当他们达到一定的能力以后，他们可能没有欲望和想象力来运用能力创造出有意思的作品。这一比较说明，不同的教育目的与教学方式会产生不同的教学效果。

当然，举此例子，并不是要展开中美音乐教育的比较，而是为了说明应该重视音乐心理对人的整体心理结构发展的作用的研究。

二、音乐对人整体心理结构发展的重要作用

（一）音乐作为一种听觉音响的艺术，是一种最具有情感性的艺术

人聆听或演唱、演奏音乐，就是使自己进入与音乐情绪同步发展的状态。因此，在世间万物中，感人心者莫过于音乐。但音乐并不是以观念意识和人对立的，正如黑格尔所说：“在音乐中，人可以把内心世界的自由推向最高峰，如果我们把美的领域中的活动看作一种灵魂的解放和摆脱一切压抑的、限制的过程，那么把这种自由推向最高峰的就是音乐了。”因此，我们可以说，音乐心理从本质上说，是使人的整体心理结构处于自觉、自主、自由的发展状态。音乐是体验性的学科，只有学生主体主动参与和自主体验，才能感受学习的快乐并积累学习的成果。

（二）音乐作为时间过程的艺术，它的存在紧紧依赖于人的创造性活动

在音乐欣赏、表演、创作这三个基本环节中，都少不了人积极参与的创造性活动。在相当长的一段时间里，人们对音乐创作和音乐表演中需要创造性是能理解的，但对于音乐欣赏中需要人的创造性参与却缺乏足够的认识。人们通常以为，当演唱家、演奏家把作曲家的作品转化成美好的音响时，音乐创造就已经完成；音乐听众不属于音乐创造的组成部分，他们只是单纯地欣赏，只对优美的音乐顶礼膜拜就行了。而德国美学家曼纽什说：“欣赏者的任务不是对那些永垂不朽的作品进行赞扬和称赞，而是积极地参与到艺术品中，与之形成一种创造性的艺术关系，他们不应当仅停留于解释作品，而是应努力去超越它。”施莱尔马赫说：“艺术激发欣赏者，使其转变成为一个艺术家，艺术家并不比欣赏者高出一筹，他与他们只能是平等的伙伴关系，他们相互需要，谁也少不了谁。”从这种认识上来说，所有的人都是艺术家。在音乐艺术面前，欣赏者要积极克服自己的被动接受，满怀热情和信心地参与其中。这些认识无疑是深刻的。因此，音乐作为时间过程的艺术，自始至终都需要

人的创造性参与，音乐心理与人的整体心理结构发展所需要的创造性有着深刻的联系。音乐学习的心理动力是在主体与外部音乐环境的相互作用下，由主体的音乐兴趣、音乐需要、音乐目标理想、音乐学习信心和音乐情绪情感等音乐个性倾向所形成的合力，是激发并维持主体音乐学习行为的内在动因。

（三）音乐作为诱发人想象力的艺术，它的价值在于激发人的创造意识与创造行为

音乐的存在依赖于人的创造活动，音乐的价值也在于激发人的创造活动。当音乐在我们耳边响起时，音乐和我们处于一种平等的地位，它像一位朋友一样向我们倾诉，使我们引起共鸣，体会自己的内心。那些缺乏音乐熏陶的人，要欣赏丰富而复杂的音乐、体会音乐中细腻的情感变化是有一定困难的。正因为如此，马克思才说："对于非音乐耳朵来说，再好的音乐也没有意义。"虽然说音乐所具有的丰富的内涵都根植于人的本性之中，音乐的所有技巧都属于人的潜能，但如果没有一定的条件和环境，人的这种潜能是不会被诱发出来的。心理学家注意到，当生命接受强制性的指令信息时，就会压制自己的节奏本能。因此，如果没有诱发因素，在绝大多数情况下，人很难感受到自然节奏的存在。但如果我们能提供一种宽松的环境（如在音乐的气氛中），人的音乐能力就能很快显露出来。

但令人遗憾的是，在音乐教育中，人们往往把音乐当成与自然科学知识和法律、道德一样的东西来传授，并使音乐教育带有很浓厚的强制性。这种情况因对所谓音乐专业的职业性竞争的不恰当渲染而日趋严重，使许多音乐教学成为纯粹的技能训练，许多音乐演奏会成了类似体育比赛的竞技场。音乐的本质与价值在于激发人的创造性，但在有些教师眼里，音乐的本质被模糊了，因而可以看到学生在战战兢兢地、麻木地做着音乐练习，使音乐教育的过程成为一个痛苦的过程。音乐教育的关键就在于教师是否具有发现美的眼睛，是否了解和懂得师生关系、人际交往中的心理影响，是否能用客观、公正的态度认识和对待学生，是否能敞开爱的胸怀，真诚地去拥抱每个学生。

（四）音乐作为非语义性的艺术，触发人各种思维的自由联想，直接参与和完善人的创造性活动

在非音乐的状态中，人们的行为和思想受到了各种指令性信号的制约，也就是我们通常所说的理性思维定式的制约。纵然我们有着与这些指令性信号不同的感受，也会感到压抑，并偶有情感的冲突，但由于难与现实生活的理性获得平衡，因而无法产生新的认识。而当人进入音乐状态时，人对生活、认知的独特感受，由于音乐非语义性创造的环境而纷纷被解放出来，处于积极活跃的状态中。由于这些活跃的状态并不导致直接的意识和行为，于是音乐为人与现实生活的矛盾提供了一个巨大的缓冲地带，人们可以充分发挥自己的想象力，使自己的理性思维与非理性思维高

笔记栏

度地统一起来，使自己的情感得到升华并放出独特的光彩。人之所以是人，就在于其并不是毫无变化地、刻板地按照环境给予的强制性指令去生活。人存在的意义恰恰在于能充分地感受自己与现实的矛盾，运用自己独特的经验去创造性地改变这些指令，使客观世界得到改造和发展；否则，人就等同于一架机器。而音乐思维正有助于人激发这种创造意识和行为，并且在一定意义上，音乐还是人的创造意识的一种动力。例如，达尔文假设自己若能再活一次，一定要给自己规定这样一个原则：一个星期内要抽出一定时间去读书和听音乐。他认为只有这样，他那些已退化的一部分能力才能在持续不断地使用中保持下来。事实上，失去这种能力就意味着失去幸福，而且还可能进一步损害理智，甚至可能会因为本性中情感成分的退化而危及道德。因此，正如孔子所说的“成于乐”，可见音乐心理是人的整体心理结构创造性发展的动力。

（五）音乐作为具有强烈情绪感染力的艺术，具有无意识的感化作用

音乐的这种无意识的感化作用，具有三个显著特征，即可依附性、愉悦性和潜隐性。音乐可依附于不同的意识形态。例如，当音乐与高尚的理想情操结合起来时，它能美化和净化人的灵魂。音乐可以是培育社会主义道德风尚、共产主义思想和爱国主义精神的肥沃土壤。但当把音乐作为宣扬人类文明糟粕的手段时，又有可能毒害人的心灵，败坏人的思想意识。通过音乐对人进行思想品德教育，可以做到细致、亲切，寓教于乐，潜移默化地产生作用，可避免强制性的不良效果。因此，音乐也是德育、智育的有力工具。当音乐心理与各种意识结合时，音乐可作为强化各种意识的有利因素。创设和提供良好的教学环境，可让学生始终以积极的状态投入音乐学习，注重对音乐的感受与体验，不断养成良好的音乐学习习惯。

（六）音乐是人类极其丰富的情感精神的艺术宝库，不同音乐的不同情感形态和不同的精神气质，通过不同的方式和层次作用于人的精神

从根本上说，音乐是非语义性的，是全人类共同的财富，但不同的音乐对人的精神具有不同的影响。一般来说，轻音乐因其明快的节奏、通俗的旋律，使人产生轻松愉快的情绪，有很强的娱乐功能。这类音乐一般结构较简单，节奏感强，易与人本能的节律产生共鸣，因此也易被接受，但不触发人更深刻的感受与思索。听这一类音乐时，人的身心能得到休息，犹如观赏轻快的舞步。而严肃音乐，尤其是交响乐，它的结构比较复杂，音乐在各方面有较大的展开，有强烈的情绪变化，通过多种因素积累铺垫而成高潮。有的音乐主题本身就包含了冲突、对比的因素，这类音乐能触动人更深层次的情感，引发人更深刻的思索和更高层次的情感升华。但这一类音乐由于结构复杂，因此在欣赏过程中必须加以引导。因此，不同的音乐使人产生不同的音乐心理，作用于人的整体心理结构中不同的情感层次。

通过对音乐心理在人的整体心理结构发展中的作用的分析，我们可以得出以下

笔记栏

结论：在以培养人为根本目的的音乐教育中，培养人的主体意识和审美情感，激发人们自觉的参与意识与创造意识，密切结合高尚情操的教育，全面发展人的精神品格，让人心理结构中的知、意、情得到高度统一，教育中的德、智、体、美、劳得到全面发展是基本的施教策略。

总结与反思

思维导图

请你将本章所学内容加以总结，用思维导图的形式画在下方。

工学结合

1. 与同学讨论：音乐教育心理学的重要性。

2. 不同的音乐对人心理的影响是否都具有促进作用？

3. 请结合具体案例分析，总结小学生音乐学习的心理特点和学习过程。

笔记栏

学习评价

评价内容	评价指标	分值	学生自评	教师评分并点评
音乐教育心理发展概述	准确概述音乐教育心理学的发展过程	20		
小学生音乐学习的心理特点与过程	根据小学生音乐心理特点，选择音乐教学内容、方式与方法	30		
音乐心理对想象力的诱发	根据教材，举例说明如何在课堂中诱发学生的想象力	25		
音乐心理对创造性活动的影响	在课堂中如何对学生进行创造性活动的引导	25		
总评		100		

拓展阅读

《音乐教育心理学》，郑茂平、王耀华，北京大学出版社。

《音乐教育文化心理学》，[澳]玛格丽特·S. 巴雷特（主编），余丹（译），上海音乐出版社。

PART 2

中篇 教学实践

第四章

小学音乐教学原则、过程和模式

▶ 素质目标

1. 将立德树人的根本任务融入小学音乐教学原则中，坚持以德立身、以德立学、以德施教，使教师在课堂教学中提高思想认识与实践能力。

2. 将中华优秀传统文化融入小学音乐课堂的教学设计中，使学生建立正确的世界观、人生观、价值观，培养其健全的人格和美好的情操。

▶ 知识目标

1. 了解小学音乐教学原则。

2. 掌握小学音乐教学过程。

3. 认识并理解小学音乐教学的三种模式。

▶ 技能目标

1. 理解和领会小学音乐教学中各项原则的特殊性，并能够在教学实践中运用。

2. 掌握教学设计的具体过程，确立教学目标，划分重点、难点，理清教学思路，建立切实有效的教学评价体系。

3. 仔细揣摩、合理运用小学音乐教学的三种模式，以便更好地服务于课堂教学。

▶ 情感目标

1. 通过培养学生的艺术表演能力，使学生能用音乐表达个人情感并进行情感交流，享受到美的愉悦。

2. 在小学音乐教学过程中，引导学生通过欣赏、联想、模仿、分析、合作等方式去体验音乐，使学生们真正体会到音乐中所表达的情感。

本章阐述了小学音乐教学应遵循的基本原则，深入解析了小学音乐课堂的教学过程，包括教学环节的规划与设置，还总结、归纳了三种常见的小学音乐课堂教学模式。本章从这三个方面对小学音乐课堂教学的整体至局部进行了全面的剖析。

笔记栏

第一节 小学音乐教学原则

请结合《义务教育艺术课程标准（2022 年版）》中的相关内容，与本节阐述的小学音乐教学的五项基本原则进行对比与分析。

请思考小学音乐教学的五项原则之间的相互联系。

小学音乐教学原则是音乐教学活动必须遵循的准则。小学音乐教学原则是以音乐教育的理论，音乐教学的目的、任务、教学过程及教学活动的规律，学生的年龄特征为依据，在总结教学实践的基础上制定出来的。它是音乐教学客观规律的反映。音乐教师在教学中能否正确地遵循和贯彻音乐教学的基本原则，将直接关系到教学质量的提高。因此，我们要深刻认识小学音乐教学原则，并在教学实践中科学、合理地运用好音乐教学的基本原则。

一、审美性原则

美育，即审美教育，又叫作美感教育，指通过一定的方式和途径，培养学生形成正确的审美观、健康高尚的审美情趣，提高感受美、鉴赏美、表现美和创造美的能力。音乐教育是学校美育的重要组成部分，它通过音乐艺术的手段，主要作用于人的情感世界，对学生进行生动、形象的审美教育。音乐教育通过聆听音乐、表现音乐和创造音乐等审美活动，使学生充分体验蕴涵于音乐音响形式中的美和丰富的情感，为音乐所表达的真善美理想境界所感染和陶醉，并与之产生共鸣。音乐教学中的各项活动均是一个审美过程，以审美为核心是音乐教学必须体现的主要原则。

在小学音乐教学中，以审美为核心的基本理念，应贯穿于音乐教学的全过程，渗透在各个不同的教学领域中，培养学生的审美感知、丰富审美情感、发展审美想象、深化审美理解，有效地提高学生的音乐审美能力。小学生的世界观、人生观、审美情趣均尚未成形，需要正确引导，而小学音乐教育的审美性原则正是为了这个目的而建立起来的。

笔记栏

二、教育性原则

音乐教育不仅是审美教育，也是精神文明教育，它在培养学生感受音乐、鉴赏音乐、表现音乐和创造音乐的同时，实现个性的全面发展，促进各种能力的平衡与协调，使学生在精神层面的追求更加丰富，也更为健康。德国音乐教育家奥尔夫说“音乐教育是人的教育”，“对于一切，我关注的最终不是音乐，而是精神的探索”。

《全日制义务教育音乐课程标准（实验稿）》指出：“通过对音乐作品情绪、格调、思想倾向、人文内涵的感受和理解，培养学生音乐鉴赏和评价的能力，养成健康向上的审美情趣，使学生在真善美的音乐艺术世界里受到高尚情操的陶冶。”“通过音乐作品所表现的对祖国山河、人民、历史、文化和社会发展的赞美和歌颂，培养学生的爱国主义情怀；在音乐实践活动中，培养学生良好的行为习惯和宽容理解、互相尊重、共同合作的意识和集体主义精神。”因此，教育性原则是音乐教学中必要的教学原则之一。

三、实践性原则

音乐艺术的表现必须通过创作、演唱、演奏等艺术实践活动来实现，同时，还要教导学生如何聆听音乐并从中领略音乐的美。音乐教学中的实践内容包括声乐、器乐、欣赏、创作、表演等多种形式，这些都是音乐教育实践的表现手段，也是实现音乐教学目标的重要前提。

《全日制义务教育音乐课程标准（实验稿）》指出：“音乐课的教学过程就是音乐艺术实践的过程。因此，所有的音乐教学领域都应重视学生的艺术实践，积极引导学生参与各项音乐活动，将其作为学生走进音乐，获得音乐审美体验的基本途径。”由此可见，音乐教学的实践性很强，教师自身必须具备音乐艺术实践能力，如示范性的演奏、演唱以及较高的语言表达能力，带领学生对音乐艺术进行分析、欣赏和聆听，并适当地利用多媒体技术以及网络资源，最大限度地向学生展现音乐形象、音乐内涵，不断开发学生的审美情趣。此外，还应注意以下两个方面。

（一）创建良好的音乐实践环境

《小学教育专业认证标准》中关于“教学能力”的解释为：理解教师是学生学习和发展的促进者。依据学科课程标准，在教育实践中，能够以学习者为中心，创设适合的学习环境，指导学习过程，进行学习评价。具备一定的课程整合与综合性学习设计与实施能力。

音乐艺术是培养学生审美情趣的重要途径，如何将美表达出来，取决于实践环境的感染力。音乐实践环境包括音乐教学环境、音乐教学硬件、音乐教学软件以及教师创造的教学意境等。良好的实践环境可激发学生对音乐实践的兴趣，从而产生学习音乐的动力，因此，教师应注意教室环境的布置、多媒体设备的音响效果、视频播放的画质等。没有这些条件时，可以找一些符合音乐形象和意境的图片或小诗，

笔记栏

或者通过教师范唱或伴奏等形式，引导学生通过视觉和听觉进入音乐情境，使学生在轻松、愉悦的氛围中进行音乐审美活动。

（二）建立良好的“教”与“学”关系

在音乐教育中，教师必须扮演一种或多种角色：教师、顾问、协调员、模特、指挥等，以促进与学生互动、了解并能够时时关注学生的动态为出发点，实现学生音乐学习的互动性和主动性。学生的角色也应是多面性的，如观察者、参与者、决策者等。通过这些角色的扮演，鼓励学生在音乐课堂上建立自信，培养积极的学习态度，从而促进课堂教学的顺利开展。如此良好的“教”与“学”关系，是音乐教学实践的基础。

（三）注重音乐理论与音乐实践的结合

音乐理论是音乐实践的基础，音乐实践中的技能、技巧必须在一定的理论指导下才能完成和提高，因此，音乐理论是实现音乐实践的奠基石。音乐理论包括识谱、视唱、视奏、听音、打节奏等，只有将这些基础知识学扎实，才能进行完整的音乐实践。因此，讲授理论知识时，要积极引导学生运用脑（思维）、眼（视谱）、耳（听觉）、口（视唱）、手（演奏或打节奏）来感知音乐，在音乐实践过程中同样要将上述要求运用在内，将音乐理论和艺术实践结合起来，最终达到完美地进行音乐艺术表现的目的。

四、情感性原则

感受与鉴赏是音乐学习的重要领域，是整个音乐活动的基础，是培养学生音乐审美能力的有效途径。在教学中，教师应激发学生对音乐的听赏兴趣，养成聆听音乐的良好习惯，逐步积累鉴赏音乐的经验。表演是实践性很强的音乐学习方式，是学习音乐的基础性内容，是培养学生音乐表现力和审美能力的重要途径。在教学中应注意培养学生自信的演唱、演奏能力及综合性艺术表演能力，发展学生的表演潜能及创造性潜能，使学生能用音乐的形式表达个人的情感并进行情感交流，享受到美的愉悦。

五、创造性原则

创造是发掘学生想象力和思维潜能的音乐学习领域，是学生积累音乐创作经验和发挥创造思维能力的过程和手段。在教学中应通过探索音响与音乐、即兴创作、创作实践培养学生的创新精神，发掘学生的审美创造潜能。

（一）兴趣是音乐创造性学习的动力

无论学习的初衷或目的是什么，兴趣是人类进行一切学习的原动力。只有对某样事物产生了兴趣，才能激发人对该事物的学习能力、欣赏能力以及创造能力。音

笔记栏

乐的学习也一样，当教师把音乐课上的内容用丰富多彩、生动活泼的形式展现出来的时候，自然会引起学生的兴趣。

（二）想象是音乐创造性学习的基础

音乐是听觉的艺术，它只服务于耳朵，看不见、摸不着。通过聆听进行思考，从而感知音乐并欣赏音乐，这是一种知觉想象。音乐的非语义性、不具象性使它跨越国界，就算语言不通，仍然可以给人以广阔的想象天地，让人体会到快乐、忧伤以及更深层次的美。因此，培养学生的想象力是促进其创造性学习的重要基础。同时，《全日制义务教育音乐课程标准（实验稿）》指出："创造是发挥学生想象力和思维潜能的音乐学习领域，是学生积累音乐创作经验和发掘创造思维能力的过程和手段，对于培养具有实践能力的创新人才具有十分重要的意义。"

（三）探索是音乐创造性学习的手段

音乐的美是抽象的。同一段乐曲，一百个人会有一百种诠释，因此，学习音乐需要探索精神。探索包括对音乐理论的钻研和对音乐技能、技巧的磨炼。例如：音乐作品中出现的和弦表现出什么样的音乐语言和音响色彩；特殊意境的乐曲如何用熟练的技巧演奏出来。解决这些问题，就必须要具备不断探索的精神。

第二节 小学音乐教学过程

通过查阅相关资料，了解小学音乐课堂教学中的基本环节。

教学设计与教学实施如何完美结合？

笔记栏

一、小学音乐教学过程的规划

要确保音乐教学过程的顺利进行，必须要提前做好准备工作，做到有目的、有计划，才能保证教学行为的有效进行。

（一）确定教学目标

教学目标是教师根据教材内容和学生实际情况制定的课堂教学基本标准。教师根据教材内容，按照学生音乐学习的需求，以促进音乐学习为目的，达到音乐教学大纲的要求。音乐教育是美育的重要途径，音乐课堂教学要以审美为核心，从培育音乐情感态度与价值观、体验审美过程与方法、掌握音乐基础知识和基本音乐技能三个方面来确立教学目标。

（二）区分教学重点与教学难点

在音乐教学设计中，最重要的是对教学重点与教学难点的把握。教学重点是音乐教学中，按教材内容、以教师的角度对教学知识的侧重。教学难点是根据学生的实际情况、能力预测学习难点，是学生学习中难以逾越的“障碍”。教学重点与教学难点本质上是不同的，因此设计时必须将其区分开来。在音乐教学过程中，建议将音乐实践作为教学重点，审美实践作为教学难点。此外，教师须尊重学生在音乐学习中存在的个体差异性，对基础不同的学生，要求也须根据不同情况进行适当调整，允许学生对音乐有不同程度的感受与体验，以及在音乐演绎、表达和创造上有不同的表现。

（三）教学设计

教学设计是教学实施过程中的主要线索，是整个课堂教学活动的进程主线，也是教师与学生在课堂进行中的思维发展导向。

教学设计的首要任务是对教材进行有效解读，并分析学生的素养、能力及学习状态。其次，应构建完整的教学框架，其中包括教材分析、学生概况、教学目标、教学内容、教学重点、教学难点等。因此，教师在进行教学设计之前，应拟定一个教学设计框架，以便更好地进行教学设计以及开展课堂教学。

课例《我是一粒米》教学设计框架如表 4-1 所示。

表 4-1 《我是一粒米》教学设计框架

框 架	具体内容
教材分析	本课是上海音乐出版社的唱游教材中二年级第二单元“音乐童话”第三课。歌曲《我是一粒米》描绘了一粒米的成长以及它渴望得到人类关爱的情感故事
学生概况	本课为小学二年级第二学期内容，学生已有一定的歌唱基础和习惯，基本掌握跳音、渐慢、一字多音、一音多字等歌唱基本技巧，对于富有童话色彩的歌曲有较浓厚的喜爱和学习积极性

续表　　笔记栏

框　架	具体内容
教学目标	通过学唱歌曲《我是一粒米》，感受音乐情绪、情感，体验歌曲中的“一粒米”的音乐形象，体会它成长中的不易与渴望被珍惜的心境，激发学生热爱自然，珍惜生命的情感
教学内容	1. 学唱歌曲《我是一粒米》 2. 以《我是一粒米》的歌词为蓝本，进行唱游展示
教学重点	学唱歌曲《我是一粒米》，准确地掌握节拍、节奏，唱准旋律与歌词，生动地表现出音乐形象和音乐情绪
教学难点	从歌曲《我是一粒米》中体会到“一粒米”的来之不易，感知“亲近大自然和生命，要爱护人类赖以生存的自然环境，热爱生命”的内涵
思政目标	通过学唱歌曲《我是一粒米》，了解到所有微小的事物都有它存在的意义和价值，一粒米、一滴水、一度电、一张纸都是需要去珍惜的。歌曲寓意唤起人们的环保意识，促进人类与自然的和谐共存

（四）设计教学过程与环节

教学过程是整个教学活动的方向、主体，教学环节是具体的知识点。在进行教学设计时，应先将教学过程列成提纲或者图表的形式，再进一步分化知识点，并使之环环相扣。

音乐教学的过程是由音乐本身的表现性、实践性、非语义性和不确定性所决定的。学生只有通过亲身经历与体验音乐的过程，并运用模仿、想象来逐步积累感性感知能力，才能获得对音乐的感受和理解。因此，音乐教学过程中不可避免地出现某些教学共性，如欣赏、联想、模仿、分析、合作等。教师在设计教学过程时，可选择适合学生的教学方法，这样能够有效增进学生对音乐的学习兴趣，提高学生的音乐感知敏锐度，并养成良好的学习习惯，使学生们真正体会到音乐带来的快乐与美。

课例《我是一粒米》教学过程如图 4-1 所示。

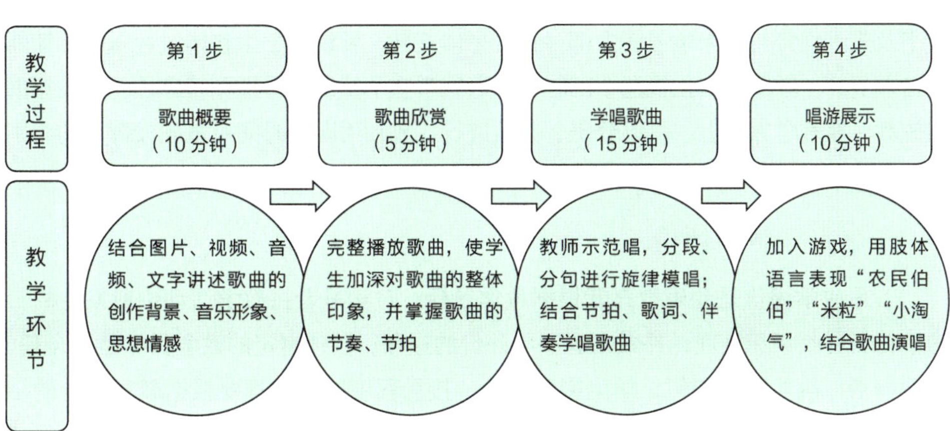

图 4-1 《我是一粒米》教学过程

笔记栏

二、音乐教学实施过程

音乐教学实施的过程是教学设计的实践，教师应以教学设计为指导，在教学过程中综合考虑教学资源、教学环境、教学对象等客观因素的影响，在课堂上不断结合实际教学情况进行合理调整。

（一）教学时间的适当调整

在实际的音乐教学过程中，会有许多无法预料的问题。如上例所说的教学过程第二步“歌曲欣赏”，该环节的教学内容是完整播放歌曲，使学生加深对歌曲的整体印象，并掌握歌曲的节奏、节拍，时间设定为 5 分钟。假设歌曲耗时 2.5 分钟，将歌曲完整地听一遍后，只有 60% 的学生能够完成教师的要求，那么可相应地再播放一遍歌曲，这样，原先 5 分钟的设定时间就有可能不够用。因此，应适当地将时间调整为 8 分钟或 10 分钟。然而，当这一环节耗时过长的时候，第三步“学唱歌曲”的教学时间就要相应地缩短，以保证整个课堂教学的完整性。

（二）教学内容的适当调整

当教学时间发生改变，教学内容、方法和步骤也应做出相应的调整。如上例中第三步“学唱歌曲”，原设定时间 15 分钟若被压缩到 10—12 分钟，那么可以考虑将教师示范唱这一环节取消，由教师带领学生直接进行分段、分句的旋律模唱，学生熟悉旋律之后，可尝试一边打拍子一边加歌词的慢速练习，最后按照原速跟伴奏学唱歌曲。这样既保证了教学质量，又确保了后续教学环节能够顺利进行。这是对教师临场发挥能力、教学技巧以及教学心态的严峻考验，同时也是音乐教学实施过程中最常遇到的问题。

（三）尊重学习个体的特殊性

学生来自不同的家庭环境，不同的性格、家庭背景、受教育程度、音乐启蒙教育水平及先天优势与后天学习能力都存在着个体差异，导致了学生整体对音乐的感知能力参差不齐。教师必须正视这个问题，并尊重学生个体的差异性和特殊性，应注意因材施教。在教学方式上，可以分班、分组进行，或利用课余时间对基础较薄弱的个别学生进行重点辅导，以保证整体教学进度的稳步进行和教学质量的不断提高。

三、音乐教学评价

音乐教学评价是音乐教育者根据教学目标，对学习者在教学活动中所发生的行为进行资料收集和整理，并做出观测与评价的过程。教师制定的教学目标是否合理、实现与否，教学效果如何，学生接受与否、接受程度如何，都要根据教学评价的结果来判定。因此，音乐教学评价对音乐教学的整个过程起着重要的作用，是不可或缺的重要环节。

笔记栏

（一）音乐教学评价的要求

音乐教学评价应运用科学的方法，对教学目标的制定、教学过程、教学方法、教学效果及学生反馈进行价值判断。音乐教学评价分为两个方面：一是对教师教学水平的评价；二是对学生学习效果的评价。

音乐教师教学水平评价的资料收集可通过教研室教师们相互听课、评课、讨论获取，也可通过学生及家长对该教师教学情况的反馈意见获取，或从学生的考试成绩、比赛获奖情况等方面获取。将上述材料进行综合分析后得出判定结果。

学生学习效果评价的资料可通过学生的课堂表现、课后完成作业的情况、考试成绩、比赛获奖情况以及家长反馈等方面获取并得出判定结果。

（二）音乐教学表现评价

音乐教学表现评价，主要体现在音乐课堂中学生实际操作和运用音乐知识与技能的能力上，它的特点是重视知识技能的应用，与现实生活紧密结合，充分调动学生学习音乐的积极性和主动性，提高学生的音乐技能，激发学生的音乐创造潜能。

音乐教学表现评价的形式多种多样，应根据教学的侧重点进行定向评价。如要评价学生的读谱、视唱能力，可要求学生用口答的方式唱出谱面旋律的音高、节拍、节奏等，以检验学生对实际音乐作品的掌握能力。如要评价学生对音乐理论的掌握情况，可通过卷面考试或游戏问答的方式来进行。

（三）音乐教学的自我评价与反思

音乐教学的自我评价与反思是音乐教师在积累了一定的教学经验之后，勇于怀疑自己、善于突破自我的行为过程，它是教师对自己的教学行为、教学理念和教学成效的深度剖析和思考，是提高教学水平、完善教学质量的有效途径。

音乐教学的自我评价与反思应围绕四个方面进行：一是教学目标；二是教学内容；三是教学过程；四是教学结果。

音乐教学的自我评价与反思的具体内容如表 4–2 所示。

表 4–2　音乐教学的自我评价与反思

评价与反思项目	评价与反思内容	评价与反思价值体现
教学目标	音乐学习以美育为本，促进学生的音乐思维发展，获得音乐知识技能	学生通过学习音乐达到陶冶情操、热爱大自然、热爱生活的心境
教学内容	对教材内容整体的认识与把握，整合教学资源，合理地组织教学内容	考查学生对学习内容的理解，总结教学经验
教学过程	理顺教学过程，合理分配教学资源，并通过教学手段运用在不同的教学环节中	总结教学流程、教学手段的运用以及教学安排的合理性
教学效果	有效完成教学任务，高效培养学生学习音乐的兴趣，提高音乐技能的运用能力	反思教学中的不足和预期效果未能达标的原因

笔记栏

第三节 小学音乐教学模式

通过数据、文献查阅三种教学模式的教学侧重点。

在教学实践中如何正确地选择合适的教学模式?

小学音乐教学模式指适用于小学生年龄阶段、认知水平及个性特征的音乐课程教学模式。该教学模式的目标是能够合理地将音乐基础理论知识和实践技能相互融合，并在玩乐中潜移默化地使学生感受、体验及运用。小学音乐教学模式分为三个方面：倾听模式、感悟模式、表现模式。

一、倾听模式

音乐是听觉的艺术，良好的听觉习惯是音乐学习的基础。小学生养成良好的倾听音乐的习惯，对丰富情感、提高文化素养、增进身心健康具有重要的意义。许多中学甚至大学的音乐课堂上常会出现这样的情况：教师播放一首乐曲让学生们欣赏，刚开始时课堂上只听到音乐声，过不久就会出现一些细碎的学生议论的声音，再往后学生议论的声音就会随着音乐音响的增大而增大、减小而减小。这说明，绝大多数学生都没有养成良好的倾听习惯，有些甚至是借助乐曲的声音肆意地在课堂上讲话。因此，本节强调对音乐要“倾听”，并以之作为小学音乐教学的首要模式来阐述。

倾听，即“细心地听取”，指不是简单地用耳朵来听，还需要全身心地去感受所听到的言语信息和非言语信息。按照这个要求，倾听的本体首先应做到全神贯注、不发出声音，即安静地听。其次，听的同时要通过思维活动达到一定的认知和理解，即思考。小学音乐教育是艺术教育的初级阶段，6—7岁的小学生还没有形成固定的世界观、人生观，对教师的学习要求具有一定的服从性，这个阶段是培养他们良好听觉习惯的开端，对于他们日后培养自我约束能力也起到很好的辅助作用。对于小学阶段的学生来说，思考属于一种被动的行为，他们习惯于问答式的思考方式，因此，带着问题听音乐，是小学音乐课堂倾听模式中最有效的教学手段。

在倾听音乐之前，教师可适当地给学生提供一些具有针对性、启发性、引导性、趣味性的问题，引起学生的好奇心，提高他们的注意力，从而增加学生倾听音

笔记栏

乐的兴趣，这对养成良好的听觉习惯有很大的帮助。

二、感悟模式

音乐的抽象性体现在给人无限的想象空间，通过感性思维领悟到语言难以表达出来的深层含义。因此，在小学音乐课堂倾听模式的引导下，感悟模式应运而生，并对培养学生丰富的想象力、高尚的审美情操起着积极的作用。

感悟，即感受与领悟。音乐是通过旋律、音色、速度、节奏、强弱等要素来表现的，这些音乐要素需要学生具备一定的音乐感知能力来判断与辨别，即感受；学生通过感受，获得对音乐形象、情绪、内涵等更深层次的审美体验，即领悟。

感悟模式按照不同年龄段可分两种形式进行：初级阶段为引导型感悟；中高级阶段为分享型感悟。

引导型感悟的主体是教师。由教师挑选个性鲜明、音色突出、节奏感强的音乐播放给学生听，通过上述“带着问题听音乐”的倾听之后，利用教学道具，结合音乐形象，充分调动学生的积极主动性和想象力来感悟音乐作品。如欣赏交响童话《彼得与狼》，在倾听模式下，教师应事先引导性地告知学生故事背景、人物与情节，然后让学生倾听乐曲。乐曲结束后，拿出符合故事人物形象的道具，让学生选择乐曲中所出现的人物。然后，再播放一遍音乐，利用道具，按照乐曲中各乐器所代表的音乐形象进行演示，使学生明白故事人物各自的音乐主题旋律特征，如明亮圆润的小提琴音色代表的是主人公彼得；圆号低而闷的音色代表阴险、凶狠的狼；清脆、甜美的长笛代表活泼、可爱的小鸟；聒噪、迟缓的双簧管代表摇摇摆摆、步履蹒跚又喋喋不休的鸭子；节奏感强烈的定音鼓表现了猎人铿锵有力的枪声。随着乐曲的播放，学生便会根据教师的提示，在脑海中产生无尽的联想，进而对乐曲中各种乐器的音色和音乐形象进行感悟。

分享型感悟的主体是学生。在小学音乐课程的中高级阶段，学生已经掌握了基础的音乐理论知识以及演唱或演奏技巧，并接触了一定数量的音乐作品，具备了自主思维能力。因此，教师可让学生在课外完成相关音乐的感悟过程，然后将音乐欣赏的心得体会以语言、文字、图画等形式呈现出来并与大家分享、交流，从而开阔视野，也使学生的想象力、创造力得到不断的提高。

三、表现模式

音乐是表现人类情感的艺术行为，反之，“表现”是音乐教学实践的重要手段。表现模式是以倾听模式和感悟模式为基础，并富于创造性的教学模式。任何一个人听到自己喜欢的音乐旋律都会有不同程度的表现欲望，有的人会小声地哼唱，有的人会有感情地完整表演出来。这类表现是自发性的，是具有相对完善的世界观、人生观的成年人表达音乐的行为活动。

小学生年龄小，不会正确地表达他们的这一欲望，因此往往需要教师运用教学

笔记栏

手段和方法，引导小学生通过正规的途径，正确地表达他们对音乐的理解和感悟。在小学音乐教学中，对待不同年龄阶段的学生，表现模式的要求也有所不同。如1—2年级的学生以形象思维为主，活泼、好动、好奇心强、模仿力强、注意力不易集中，根据这些特点，对他们的表现要求是抓住音乐中的一两个个性鲜明的音乐形象，通过模仿唱，或将其想象成某些生活中熟悉的人、事、物进行即兴表演。3—6年级学生的生活范围和认知领域有所扩展，体验感受与探索创造能力增强，可对他们在音乐基础知识与音乐技能训练上提出进一步的要求，如掌握正确的演唱姿势、呼吸方法及正规的器乐演奏方式来表现具有一定完整性的乐曲。

总结与反思

思维导图

请你将本章所学内容加以总结，用思维导图的形式画在下方。

工学结合

1. 与同学讨论：教学重点与教学难点的异同。

2. 根据本章知识选择课例，拟定教学过程框架。

学习评价

笔记栏

评价内容	评价指标	分值	学生自评	教师评分并点评
小学音乐教学原则	明确小学音乐教学的基本原则的概念	20		
小学音乐教学过程	总结、梳理出明确的小学音乐课堂教学的过程，包括教学设计、教学环节等具体的步骤（用思维导图的方式展示）	50		
小学音乐教学模式	为教学对象选择适合的教学模式	30		
总评		100		

拓展阅读

《小学音乐教学技能》，郜方、耿坚、胥娟，华东师范大学出版社。

《小学音乐教学策略》，郑莉，北京师范大学出版社。

《中小学音乐教育词典》，缪裴言、章连启、汪洋，上海音乐出版社。

第五章

小学音乐教学的领域及教学方法

▶ 素质目标

1. 挖掘小学音乐教学领域中的“思政”元素，立足于各项教学领域中的知识点，将我党的先进思想和中华优良传统美德与音乐教学充分结合，以体现“育人”先“育德”的教育理念。

2. 合理运用小学音乐教学的方法，选择合适的教学内容，有效地将思政内容渗透到音乐作品当中，在培养学生的音乐学科核心素养的同时，感受到音乐中的美和深厚的文化内涵。

▶ 知识目标

1. 掌握小学音乐教学领域的基本内容。

2. 理解小学音乐课堂教学的方法。

▶ 技能目标

1. 明确小学音乐教学中各领域之间的区别与联系。

2. 将小学音乐教学方法的形式和内容相结合，在课堂教学中实践。

▶ 情感目标

1. 在音乐课堂中强化学生对音乐情绪和内涵的理解与感受，将音乐作品联系到实际生活中去，唤起学生的内心情感，促使他们发自内心地理解和探索音乐内涵。

2. 通过学习方法的引导，启发学生在音乐课堂中培养合作意识、协作能力，激发探索精神，提高独立思考的能力，进而能够更深入地思考和体验音乐中的情感。

本章以《小学教育专业认证标准》为指导，以小学音乐教学领域的通用概念与教学方式为框架，以音乐课堂中的教学实际为案例进行分类解析，面对不同年级或班级的学生，针对教学领域选择有效的教学方法。

笔记栏

第一节 小学音乐教学领域的内容

通过数据、网络查阅国内外关于小学音乐教学领域所涉及的相关知识点。

在教学过程中，小学音乐教学的四个教学领域应怎样有机地结合？

小学音乐的“教学领域”是从教学实施的角度对音乐课程内容所作的“课标式”表述，可分为四大领域，即“欣赏、表现、创造、联系”。虽然这四大领域在教学过程中是相对独立的板块，但在内容和运用上却有相互渗透、相互融合、相辅相成的微妙关系。

一、欣赏领域

每一种艺术都是通过感性思维使人获得美的体验和感受，音乐艺术更是如此。音乐看不见、摸不着，只能通过“听赏”来获得审美体验，在音乐教学中，“听”为感受，“赏”为鉴赏。《义务教育艺术课程标准（2022年版）》为“欣赏”的概念做了明确的定义：“通过‘欣赏’，学生体验音乐的情绪与情感，了解音乐的表现要素、表现形式，感知、理解音乐的体裁与风格等，发展音乐听觉与感知能力，丰富音乐审美体现，深化音乐情感体验，提升审美感知和文化理解素养。”小学阶段的音乐教学，应结合学生的年龄、认知能力、个性特征等因素，以感受与鉴赏为侧重点。苏联著名教育家苏霍姆斯基认为：“我们的音乐教育，既不是为了培养作曲家，也不是为了培养演奏家，而主要是培养合格的听众。”小学生还没有形成完整的世界观、人生观，他们求知欲强、可塑性大，这个时期应有意识地让他们多多接触一些健康向上的古今中外音乐作品，这对培养他们的高尚情操、优良品格、健康审美都具有不可忽视的作用，同时，这也是进行思政教育的最佳途径。

小学音乐教学中的感受与鉴赏不应过多地强调理论知识的学习，而应注重音乐情感的体验。音乐的多元化不仅体现了各个国家、地区风格迥异的民族特征和风土人情，还体现了不同的音乐情绪、情感以及内涵。因此，教师在音乐鉴赏教学中不可忽视学生对音乐情绪和内涵的理解与感受，应适时地引导学生将音乐作品联系到实际生活中去，唤起学生的内心情感，促使他们发自内心地去理解和探索音乐内涵。

笔记栏

二、表现领域

音乐教育的实践性就是通过音乐表现来实现的。而小学音乐教学中的表现领域培养的就是学生的音乐表现能力和音乐审美能力。该领域的教学，不仅使学生拥有自信的演唱、演奏能力，还能够发展学生的创造能力和思维能力。在“表现”的平台上，学生得以享受表演欲望的满足和表演成功的喜悦，并通过表演获得与他人合作、沟通的机会，建立团队合作意识，学会人际交往，增进同学之间的友情。学生在音乐实践中获得了表演经验，并从中感受到音乐带来的愉悦和情感的陶冶，丰富了自身的思想感情，使学生身心得以健康、全面地发展，使他们更加开朗、自信地面对生活。

三、创造领域

近几年来，国内的高校开展了“大学生创新创业计划”项目，政府也出台了“大学生创业优惠政策”，各大银行也相继推出“大学生创业贷款”业务等。这一系列现象表明，社会各界对于教育方面关注度最高的就是创造型人才的培养。音乐教育是培养学生创造性思维的有效途径之一。《义务教育艺术课程标准（2022 年版）》明确指出：“音乐创造是发挥学生想象力和思维潜能的音乐学习领域，是学生积累音乐创作经验和发掘创造性思维能力的过程和手段。”因此，小学音乐教学中创造领域的建立，其目的不是为了培养音乐家、作曲家，而是从思维方式上引导学生从小培养创新意识、开发创造潜能，从而激发他们对生活的洞察力、感受力和创造力。

四、联系领域

音乐学科就属性来说属于人文学科的范畴，建立在人类的信仰、情感、道德和美感之上。因此，音乐与文化是密不可分的。在此，必须强调小学音乐课堂教学不能只关注音乐理论、音乐技能的传授，而忽略了人类精神文明建设和悠久文化内涵的传承。音乐与相关文化领域在小学音乐教育中占有极其重要的位置。

音乐本身就是一种文化，与其交叉的学科或姊妹艺术及相关文化种类繁多，因此，这一领域的知识结构较为复杂。教师应遵循以下三个方面来整合教学资源，理清教学主线，明确教学目标。

（一）音乐与姊妹艺术

舞蹈、美术、戏剧、影视等艺术形式与音乐并称为姊妹艺术，它们有共同的艺术特征，即表现人类情感，却又因表现形式的不同而区别于音乐艺术。这些艺术形式可以独立存在，也可并存，形成多元化的艺术形态，进而形成复合型的艺术形式，并催生出新的文化产业。因此，在小学音乐课堂的学习中，应注重将音乐与姊妹艺术有机地结合起来，使学生全方位地接触与了解到其他艺术的表演形式，认识音乐在其中的作用与关系，开阔他们的视野，启迪他们对艺术各门类的探索精神。

笔记栏

（二）音乐与社会生活

音乐在社会生活中极大地丰富了人们的精神世界，是人与人沟通的工具、抒发情感的媒介，同时还具有重要的社会功能。大量的音乐现象伴随着我们的社会生活，如婚丧嫁娶、节日、庆典、休闲娱乐都会伴随着多种多样的音乐形式。教师可在小学音乐课堂中，适时地提供一些日常生活中常听到的音乐素材，讲解音乐的出处、内在含义等。如每年春节大街小巷、电视广播中常听到的一首喜气洋洋、热闹欢腾、节奏欢快的民族器乐作品《春节组曲》，大家都对其相当熟悉，但是，绝大多数非音乐专业的人都不知道这是作曲家李焕之以陕北民歌为素材创作的。由此可见，音乐与人们的社会生活密不可分，但缺乏正确的传播途径会导致人们的音乐知识体系出现断层。

（三）音乐与艺术之外的其他学科

艺术之外的学科也与音乐有着千丝万缕的联系。如语文课可选用适宜的背景音乐为诗词、朗诵配乐，烘托意境，使语文课更加生动有趣；体育课可配合有多样化节奏、节拍、情绪的音乐来进行跳操锻炼；历史课和地理课可播放各个历史时期或不同国家、不同地域、不同民族的代表性歌曲，来结合讲解相关的内容，用音乐的魅力使学生领略世界文化的千姿百态。

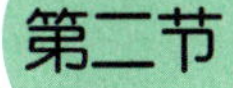

第二节 小学音乐课堂教学实施方法

根据个人能力，找到本节内容中最适合自己的一种课堂教学实施方法。

如何针对学生的特点选择正确的课堂教学方法?

音乐教学法是音乐课堂实际教学实施的主要教学行为，它是保证音乐教学有序、有效地开展下去的手段和策略。教师应该思考如何在具体的教学目标和内容上运用适当的教学方法。教师应从理论到实际，全面地理解、把握、吃透各种教学法，

笔记栏

才能够得心应手地在音乐课堂上合理运用。由于音乐本体的特殊性，音乐教育的内容不可能强加硬塞，只能引导、感悟、循序渐进，因此，音乐教学中的主动性除了体现在教师的教学法上，也体现在学生对学习的自主性上。

一、音乐教学主动性教学法

教学主动性指的是在教学过程中，教与学的“双向”互动式行为。教师以导体的形式在教学过程中将知识技能带入课堂，并引导学生对之感兴趣，从而跟随教师的教学理念、教学思路获取音乐知识。学生在这个过程中，首先是被动地听、唱、弹，当他们真正体验和感受到音乐中的乐趣与美妙时，便会积极主动地自己去探索、挖掘音乐的奥秘。这就是音乐教学主动性的“双向”体现。

（一）教师主导式教学法

教师主导式教学法指在教学过程中以教师为主导，主要通过讲述、讲解和讲演等方法，向学生叙述知识结构、阐明知识要点和教学内容。该教学法注重教师的口头表达能力，运用语言艺术的魅力来传授音乐知识、技能以及相关的文化知识。

在小学音乐教学中，使用教师主导式教学法的时间不宜过长，一般不可超过 10 分钟。小学生活泼好动、思维跳跃，如果教师单独讲述的时间过长，极易使学生不耐烦、难以集中注意力。所以，教师的语言表达要简单明了、生动有趣，突出重点，切忌平铺直叙、毫无轻重之分。

（二）师生互动式交流法

师生互动式交流法提倡教师与学生、学生与学生之间运用语言的方式进行交流、讨论，通过频繁的交流互动，激发学生的学习兴趣，提高学生的注意力，便于教师得到及时的反馈。此外，师生互动式交流法还可通过分组学习、布置学习任务和学习目标，以辩论、竞赛等方式进行。这种方法可以集思广益，互相启发学习，培养同学之间的合作意识、协作能力并激发学生的探索精神，提高其独立思考的能力。

（三）学生自主式学习法

学生自主式学习法指教师通过设立学习任务，激发学生的自主学习能力，合理利用课外时间进行探索和发现。在小学音乐教学过程中，教师可设立一些音乐类或与音乐相关的课题作为学习任务让学生去完成。如以“生活中的乐器”为题，以小组的形式进行自主学习与探究，任务是在生活中找到 10 种以上的乐器，并合作表演一个节目。在这个自主学习的过程中，不仅能提高学生的自学能力，体验寻找、发现的乐趣，还能激发他们共同合作、相互学习的积极性。

笔记栏

二、音乐活动内容实施方法

音乐活动的内容多种多样，其目的是辅助教学过程的顺利进行，并有效地实现教学目标。音乐活动内容按照教学阶段可划分为低年级和高年级。音乐活动内容的实施方法应根据教学阶段的不同进行适当调整，灵活地运用。

（一）唱游法（适用于低年级）

唱游教学是小学音乐教学的必要形式，它以提高低年级学生的音乐素质为主要目标。我国儿童教育家陈鹤琴认为，小孩子是生来好动的，以游戏为生命。要多运动，多强健；多游戏，多快乐；多经验，多学识，多思想。唱游教学通过身体律动、音乐游戏、音乐情境表演等形式，结合儿童活泼好动的性格特点，采用简单多样并富有趣味性的教学手段，让学生在唱唱、跳跳中感受音乐、理解音乐和表现音乐，并激发他们学习音乐的兴趣。学生通过唱游活动，能增进与教师的交流、同学间的友谊，解放天性，促进身心全面发展。在唱游教学中应培养学生的节奏感、韵律感，在感受音乐的同时，有感情地进行唱游活动。

1. 身体律动

律动是以有韵律的身体动作或姿态表达对音乐的感受。它是培养学生感受音乐、理解音乐和创造性地表现音乐的良好途径。律动教学中的身体动作分为走、跑、跳、旋转、姿态、静态动作等。其中，走、跑、跳是最基本的动作，因此律动教学首先应从走、跑、跳的训练开始。

例如走，可设定为一步一拍，如 2/4 拍走两步，4/4 拍走四步。行走的速度还可根据乐曲的情绪来调整，如快板为小碎步、慢板为慢走、柔板为轻步走、进行曲为大步走等。为了激发学生的创造力，还可以让学生自己根据音乐的情绪、速度、强弱来自己设定律动的动作。此外，走的形式可分为单人走、双人走、分组走、集体走等，不但能增强音乐学习的趣味性，更能强化他们相互配合、集体协调发展的能力，还能增进同学之间的友谊，促进其身心健康发展。

2. 音乐游戏

音乐与游戏相结合，是低年级唱游教学中最能让学生接受的教学方式。教师将音乐的节拍、节奏、速度、旋律的起伏融入游戏当中，要求学生有规律地进行游戏，使学生在潜移默化中体验到音乐的乐趣。

例如，将《抢椅子》游戏与肖邦的《一分钟圆舞曲》相结合。《抢椅子》游戏本身以围绕一定数量的椅子转圈为主，通常依照击鼓速度的快慢来决定绕圈速度。在此，以《一分钟圆舞曲》代替击鼓声，当音乐速度加快时，学生的跑动速度随之加快，音乐速度变慢，跑动速度也慢下来，当音乐停止时，学生必须抢到椅子并坐下，抢不到椅子的学生退出。在游戏的过程中，学生耳朵里再也不是单一的、震耳欲聋的击鼓声，而是旋律美妙、有层次感的钢琴圆舞曲。有些学生一听到击鼓声，就会

笔记栏

不由自主地往前疯跑，紧张的情绪促使他们完全顾不上注意击鼓的速度，这反而弱化了他们的听觉反应能力，甚至破坏了听觉习惯。将优美的乐曲融入游戏当中，能够在潜意识中唤起学生的审美感受，建立敏锐的听觉反应能力，发展学生的思维能力、观察能力。

3. 音乐情境表演

音乐的抽象性使音乐艺术区别于其他艺术门类，任何旋律、节奏都可通过想象被赋予不同的音乐情境。不同的人听同一段旋律时会有不同的想象和解释，如著名的《命运交响曲》的主题，可把它想象成心跳声、门铃声等，也可被解读为命运的敲门声。这就是音乐情境的想象性特征。教师应合理地利用这一音乐特点，通过创设情景、展示意境来开化学生的音乐思维，由抽象到具体地进行音乐形象的引导和启发。

如《五线谱》游戏，可安排在宽敞的教室进行。在地上拉起五条线，画上谱号，就设定了“五线谱”的情境，学生站立其中，化身为“音符”，学生在“五线谱”中的位置为音高，蹲下的学生为“全音符”，两个拉手站立的学生为“二分音符”，单独站立的学生为“四分音符”，根据教师的歌唱声或琴声引导学生边游戏边歌唱，构成了人体“旋律”。这样能在潜移默化中训练学生辨识五线谱及音高位置的能力。

（二）器乐法（适用于高年级）

1. 认识乐器，掌握演奏方法

首先教师应通过语言、图片、多媒体及示范演奏等方式让学生认识所要学习的乐器，包括名称、外形、构造、特征、发音原理、音色等，教师应在介绍乐器的过程中通过播放或演奏音乐作品，使学生身临其境地感受到乐器的音质、音色所带来的感染力，从而对乐器的学习产生兴趣。

2. 演奏乐曲练习

学生在掌握了一定的音乐知识和演奏技巧之后，需要通过演奏乐曲来提高演奏水平。在演奏乐曲之前，要简单地向学生介绍乐曲的名称、音乐表现的内容以及所用的乐器，并提出演奏要求。然后，通过播放乐曲、示范演奏，或带领学生视唱乐谱，使学生对乐曲有一个整体的认识，为演奏练习作准备。在刚开始练习乐曲时，要培养学生养成良好的看谱习惯，熟悉谱面上出现的所有标记，按节拍慢速练习，强调音乐的连贯性与完整性，对容易出错的地方应反复练习，直到可顺利与前后乐句连接为止。演奏熟练后可逐渐加速，直至按原速进行练习。

3. 协作演奏表演

当每个学生的器乐演奏技巧达到一定水平的时候，可以训练他们协作演奏。首先，在集合学生的时候，要训练他们如何看指挥。其次，在各声部乐器都熟练掌握各自的演奏内容后开始合奏练习。开始时，统一慢速，逐句、逐段进行。合奏时，要提醒学生注意看指挥，起音、落音、节拍、节奏、音准都必须要整齐。教师在合奏排练时应注意把握音色、音量的均衡协调和乐曲强弱力度的处理，以表现出合奏乐曲整体的最佳效果。

4. 打击乐器在音乐课堂的运用

打击乐器是音乐表演教学中的重要乐器。在乐曲中适当地加入打击乐器，是节奏训练与歌唱训练结合的最佳方式，不仅对学生的动手能力和创造能力有很大的帮助，更能极大地活跃课堂气氛，增强学生在音乐活动中的参与性，提高他们的学习兴趣。

（1）让学生熟练掌握常用速度、常用节拍及常用节奏型。

常用的速度：慢板、中板、快板、小快板。

常用的节拍：$\frac{2}{4}$；$\frac{3}{4}$；$\frac{4}{4}$

常用节奏型：通常以♩为一拍，一拍中由 2、3、4 个音组成为一组。

表 5-1 列举了以两个音为一拍、以三个音为一拍、以四个音为一拍的八种节奏型，用于节奏、节拍的基础练习，训练时可按照表中的序号顺序念或打节奏型，具体要求可见表 5-1 中的教学方法。

表 5-1 八种节奏型

两个音为一拍	①	②	③	
三个音为一拍	④	⑤	⑥	⑦ 3
四个音为一拍	⑧			
教学方法： 1. 按序号顺序念、打节奏型 2. 打乱顺序念、打节奏型 （节奏型可念“da”，或拍手、跺脚、使用打击乐器等）				

（2）让学生了解并熟悉常用课堂打击乐器的种类及特性。

长音乐器：三角铁、哑铃、蛙鸣筒，适用于较为缓慢、舒展的节奏型。

短音乐器：串铃、响板、铃鼓、双响筒，适用于较为密集、速度稍快的节奏型。

节拍乐器：铃鼓、沙锤、串铃，适用于打节拍重音，如三拍子中的第一拍重

笔记栏

音点。

（3）根据打击乐器音响色彩的特性为乐曲配伴奏，如图 5-1 至图 5-3 所示。

《上学歌》

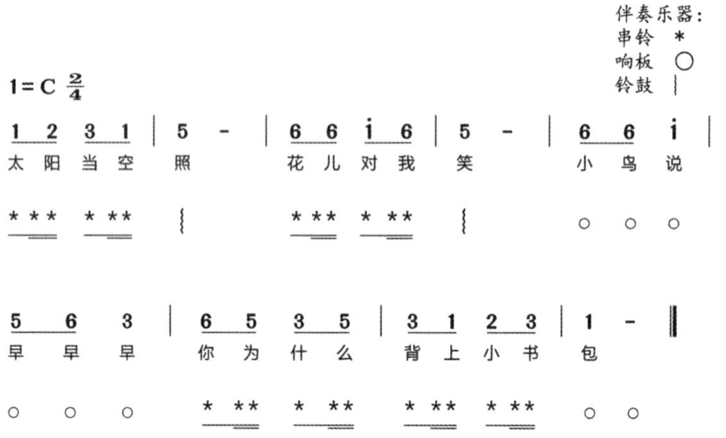

伴奏乐器：
串铃 *
响板 ○
铃鼓 ∤

1=C $\frac{2}{4}$

1 2 3 1 | 5 - | 6 6 i 6 | 5 - | 6 6 i |
太 阳 当 空 照　花 儿 对 我 笑　小 鸟 说
*** *** | ∤ | *** *** | ∤ | ○ ○ ○ |

5 6 3 | 6 5 3 5 | 3 1 2 3 | 1 - ||
早 早 早　你 为 什 么　背 上 小 书 包
○ ○ ○ | * ** * ** | * ** * ** | ○ ○ ||

图 5-1 《上学歌》谱例

《赶圩归来啊哩哩》

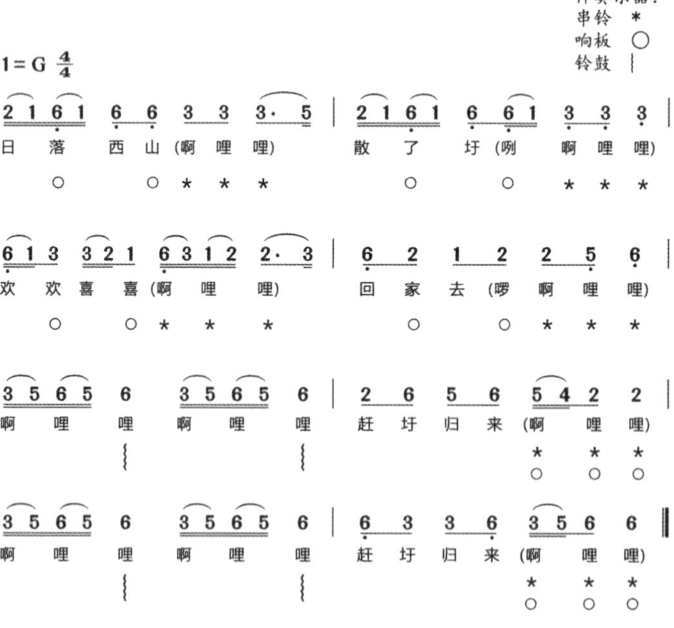

图 5-2 《赶圩归来啊哩哩》谱例

笔记栏

《洋娃娃和小熊跳舞》

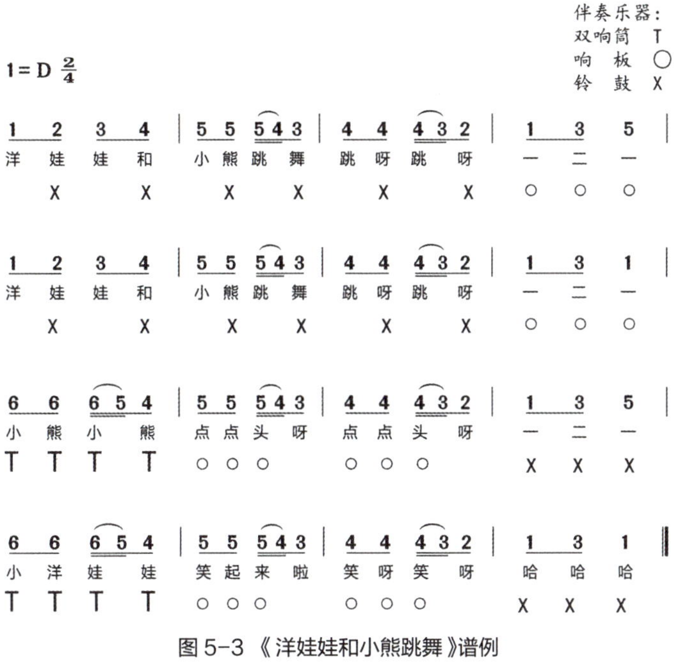

图 5-3 《洋娃娃和小熊跳舞》谱例

（4）编配打击乐伴奏要点。

①根据歌曲的特性，如速度、情绪选择乐器。

②避免与主旋律同步的节奏或单调地击打节拍重音，节奏型与主旋律的节拍应错开。

③切忌从头到尾使用同一个节奏模式，如遇到分段，必须改变节奏模式。

④注意木质乐器与金属乐器的合理分配。

（三）音乐欣赏

音乐欣赏要使学生理解乐曲所塑造的音乐形象，要求学生对音乐表现手段有灵敏的辨别能力，音乐欣赏的核心是听。因此，音乐欣赏教学中应针对听觉进行强化训练。教师应注重培养学生专注、安静的听觉习惯。在音乐播放时，不要插话，不要随意暂停音乐，打破音乐的完整性。音乐播放前后，适当地使用真实、客观、生动的语言来引导学生对音乐形象、音乐语言及音乐内涵进行思考和想象。

在欣赏音乐的过程中，要引导学生发挥想象力，使他们体会到音乐情感。由于学生的联想是与音乐的声音运动同时进行的，所以音乐形象的展现过程也是学生的思想感情受感染的过程。

音乐欣赏教学是一种认知过程。在进行音乐欣赏之前，教师应通过讲述法将乐曲中的音乐形象、音乐情感生动地告知给学生，同时，运用辅助教具，如视频、音频、图片等进行引导式教学，从而使学生的听觉感知与想象相结合，达到音乐欣赏

笔记栏

教学的目的。

音乐欣赏课的形式分为课内与课外两种。

课内音乐欣赏主要体现在常规的学校课堂教学中，主要是通过对声乐、器乐作品的引导式教学，让学生感受、理解音乐，并从中获得音乐审美体验。

课外音乐欣赏主要体现在学生在课外活动中接触到的相关音乐活动。如听音乐会、参加音乐表演及比赛，或通过影视、广播、网络等现代信息技术资源接触多元化的音乐形式等，让学生在非课堂环境下轻松地接触到种类多样的音乐艺术。这样，不仅能极大地拓宽学生的视野，还有利于激发学生对音乐的浓厚兴趣。

（四）音乐创造

《义务教育艺术课程标准（2022年版）》指出："创造是艺术乃至整个社会历史发展的根本动力，是艺术教育功能和价值的重要体现。创造是发挥学生想象力和思维能力的过程手段，对于培养具有实践能力的创新人才具有十分重要的意义。"在小学音乐教育过程当中，适当地引导学生进行创造性思维能力的培养，挖掘他们的创造潜能，是新时代音乐教育的新任务。

小学音乐课堂教学中，可按照学生年龄阶段的不同，设计创造教学的内容和手段。1—2年级的小学生思维能力和创造能力还处于萌芽阶段，这个时期的学生对一切事物充满了好奇与未知，他们善于模仿、游戏，所以在音乐教学中要引导学生发现生活当中跟音乐有关的活动，并对其进行模仿，进而使创造能力得以发展。如让学生通过听下雨的声音，做出对雨声的模仿，如"滴答"声、"沙沙"声等，然后让学生把这些声音在钢琴上通过音高、节奏、速度等简单的音乐元素表现出来。

3—6年级的小学生具备了一定的音乐基础知识和音乐表达能力，思维方式也随着年龄的增长而不断丰富，创造力也在不断地提高。因此，针对这个阶段学生的教学方式可设计得丰富多彩。具体的音乐创造活动教学包括：对音响的探索、简易乐器的制作、依据特定的场景创作短小的音乐作品。

1. 对音响的探索

日常生活和自然环境中有大量可发出声音的物体，在小学音乐教学活动中，可适当地引导学生去探索、搜寻这些有趣的声音来源，有条件的还可利用录音设备搜集音像资料，作为音响探索的成果展示。

2. 简易乐器的制作

通过音响探索的引入，使学生发现音乐就在自己身边，要善于观察生活中的一点一滴，进而引导学生将生活中的物品制作成简单的乐器，尽可能地开发他们的想象力和动手能力。如将细沙放进塑料瓶里，可制成简易的沙锤，在里面多放几颗小石子，音色会有所不同；将七个玻璃瓶按顺序摆好，里面加入不同剂量的水，可用铁棒敲击出不同音高，尝试调整瓶里的水，敲出七声音阶。

笔记栏

3. 依据特定的场景创作短小的音乐作品

小学音乐的教学目的不是要培养专业的作曲家，而是要充分调动学生的主观能动性，利用自己所学到的音乐知识与技能进行创造性思维能力的培养。许多音乐分析的书籍中将波兰作曲家肖邦的《一分钟圆舞曲》称为“小狗圆舞曲”，因为它的旋律听起来是对小狗跑步时的小尾巴进行动态模仿。我们可以以这样的思维方式为出发点，鼓励学生想象小猫、小鸟或其他小动物适合用什么样的音乐旋律来表现。

总结与反思

思维导图

请你将本章所学内容加以总结，用思维导图的形式画在下方。

工学结合

1. 设计一节以“走”与“跳”为主的身体律动课，将教学环节写在下方。

2. 以教材中任意一节课程内容为主，设计一节音乐游戏课。

笔记栏

学习评价

评价内容	评价指标	分值	学生自评	教师评分并点评
小学音乐教学领域的内容	1. 能够准确理解四个教学领域的内容 2. 明确各教学领域之间的联系	40		
小学音乐课堂教学实施方法	1. 掌握小学音乐课堂的教学方法 2. 掌握音乐活动内容的实施方法	60		
总评		100		

拓展阅读

《二十世纪的音乐教学》，[加]洛伊丝·乔克希、[美]罗伯特·艾布拉姆森、[美]埃冯·吉莱斯皮耶、[澳]大卫·伍兹、[美]弗朗克·约克（著），许洪帅（译），中央音乐学院出版社。

《当代音乐教育哲学论稿》，马达、陈雅先，上海音乐出版社。

《基于学科核心素养的小学音乐欣赏课的构建与实施》，陈枫堰，现代出版社。

第六章

小学音乐教学的组织工作

素质目标

1. 通过小学音乐教学的组织工作，教师在美育中融入社会主义核心价值观，弘扬优秀传统文化，提高学生的协作能力，提升文化自信。

2. 通过小学音乐教学的组织工作，教师在艺术实践中考量学生的音乐感知力、审美力、精神面貌，帮助学生提升音乐素养与鉴赏能力。

知识目标

1. 了解小学音乐教学组织工作的目标和内容。

2. 了解小学音乐教学组织工作中的主客体关系。

3. 了解小学音乐教学组织工作的具体实施过程及检验方式。

技能目标

1. 能正确认识教学组织工作中的主客体关系，更好地开展教学组织工作。

2. 能根据教学内容和教学对象选择组织形式并灵活实施。

3. 通过教学组织工作中不同的检验方式，在艺术实践中不断完善评价机制，提高组织工作的能力。

情感目标

1. 通过小学音乐教学的组织工作，建立学校与学生家庭的社会关系与情感连接。

2. 通过小学音乐教学的组织工作，建立学生与教师之间的情感连接，激发学生的音乐感受力，提升学生的鉴赏能力。

3. 通过小学音乐教学的组织工作，建立学生与学生之间的情感交流，达成相互协作、相互欣赏、相互鼓励的多层面情感交流。

《义务教育艺术课程标准（2022 年版）》是基于 2001 年与 2011 年颁布的义务教育的各课程标准基础上的进一步修订完善。2011 年版课程标准提出音乐教育要“以音乐审美为核心，以兴趣爱好为动力，面向全体学生，注重个性发展，重视音乐实践，鼓励音乐创造，提倡科学综合，弘扬民族音乐，理解多元化、完善评价机制”。2022 年版的课程理念以审美感知、艺术表现、创意实践、文化理解为核心素养；坚持以美育人、重视艺术体验、突出课程综合。针对新课程的标准和基本理念，在小学音乐教学过程中，原来陈旧的教学组织工作也需要有相应的调整来与之匹配。

笔记栏

第一节 工作目标和内容

根据搜集、掌握的小学音乐教学组织工作的资料，请简述小学音乐教学组织工作的目标、内容及实施过程。

在你所教授的不同年级的教学组织工作中，你认为有哪些不同之处和相似之处?

教学组织工作设计的优劣是音乐教学能否顺利完成的基础。在教学新理念的推动下，音乐教学的过程不再仅仅是教唱歌曲、教授乐理知识那么简单的教学行为，教师要以音乐的艺术美来感染学生，构建新型、高效的音乐课堂教学模式。这对教师提出了更高的要求，教师除了要有相应的小学音乐教学资质、音乐专业技能外，还要掌握教育学、心理学等相关知识，了解学生的心理发展特点，合理地组织课堂内、外多种形式的教学，使学生在愉快、轻松的环境中投入学习，从而提高音乐教学的有效性。

一、小学音乐教学组织工作的目标

小学音乐教学组织工作的目标制定，遵循了统一性和多样性相结合的原则。《义务教育艺术课程标准（2022 年版）》课程目标与 2011 版课程标准相比，可以归纳为从“三维目标”到“核心素养”的变化。其中，“三维目标”指：情感、态度、价值观的体现；体验、模仿、探究、合作、综合的过程与方法；音乐知识与技能完善。“核心素养”为审美感知、艺术表现、创意实践、文化理解。基于当下新课标音乐课程核心素养的要求，编者认为，实施小学音乐教学组织工作，要把目标分为基础目标和根本目标。基础目标是教师依据教学大纲、教材向学生提出学习音乐的态度、技能、基本知识以及创意实践的要求，并结合学生心理发展特点因材施教，使学生具备一定的音乐基础知识与技能，养成良好的学习习惯。根本目标是在保证达到基础目标的前提下，针对学生的个体差异和发展潜能，让学生在学校的核心素养教育中提升审美情趣。学生在基础目标与根本目标的基础上，通过对音乐的了解、欣赏以及音乐表演活动，促进身心全面发展，并为个性、心理等下一阶段的发展施

笔记栏

加有益影响。

根据《义务教育艺术课程标准（2022年版）》，义务教育阶段9个学年分为四个学段：1—2年级（小学低年级），3—5年级（小学中高年级），6—7年级（五四或六三学制），8—9年级（初中二三年级）。四个学段依据学生不同的生理与心理特点，设定不同的学段目标。同时，因音乐学科注重实践与体验，需要一定的音乐学习能力；而学生个人的音乐基础是存在差异的，有天生乐感良好、天赋优越的学生，也有音乐感觉一般，甚至对音高、音色的辨别不太敏锐的学生。但是每一个学生都能以自己独特的方式去学习和感知音乐。教学组织工作的目标及意义就是要将全体学生的普遍参与和针对不同学生个体差异的因材施教有机结合，重视学生的艺术实践，引导学生积极、主动地参与音乐活动，这样可以使学生真正走进音乐，从而获得音乐带来的审美体验。同时，在上述要求的基础上合理地将我国民族、民间音乐纳入教学内容，让学生了解我国多元、优秀的音乐文化，以增强和培养民族意识和爱国主义情操，并以开阔的视野学习和了解其他国家和民族的音乐文化，使学生树立平等而多元的文化价值观。除此之外，教学组织工作的设计还应有相对完善的综合评价机制，在动态的教学过程中实施完善的评价机制和合理、有效的规章制度，促进学生身心的良性发展和教师教学水平的提高。

二、小学音乐教学组织工作的内容

《义务教育艺术课程标准（2022年版）》指出，小学音乐教学的课程内容包括“欣赏”“表现”“创造”“联系”四类艺术实践，涵盖14项具体学习内容，分学段设置学习任务并嵌入学习内容。新课标重视学生的艺术体验，激发学生的学习与参与热情，以形成健康的审美情趣；课程设置以艺术学科为主，重视与其他学科的融合，注重艺术与生活、自然、科技社会的关联。因此，根据课程标准，小学音乐教学组织工作的内容主要包括教师和学生两方面。对于教师，从教师的资质、专业技能、素质要求、教材编写、教学时间设计、场地设计、教具运用、教学手段等方面进行合理要求；对于学生，从学生的心理特征、学生兴趣、课堂教学的设计等方面进行考虑。因此，依据教学组织工作的内容，对教师的教学行为和学生的学习行为作出一定的要求。教师自身要具备能胜任教学活动的专业技能；要具备统筹组织能力，能合理、有效地组织教学；最终通过教学反思不断修正教学组织工作中出现的问题，完成教学组织工作的目标。学生要在教师的引导下把学习兴趣落实在学习行动中，认真完成教师教授的音乐知识，积极参与课堂内外的教学实践，最终完成学习目标。

笔记栏

第二节 工作中主体与客体及二者关系

根据文献、网络资料及自身教学经验，请描述教师与学生两者在小学音乐教学组织工作中有什么样的关系。

教师与学生两者之间有哪些因素会影响教师的教学组织工作？

小学音乐教学组织工作中的主客体关系可以从执教和受教两个层面来进行分析，两者相互成就、相互影响。

一、执教主体和执教客体

教学组织工作中，教师不仅是知识的传授者，还是教学活动的组织者和引导者。教师在教学过程中要执行教育方针和教学计划，为执教主体。教师在执教的过程中，既要传授音乐的基本知识，又要培养学生爱好音乐的兴趣，提升学生的音乐感受与鉴赏能力、表现能力和创造能力；在提高学生音乐文化素养的同时，丰富学生的情感体验，陶冶高尚情操；在执教过程中把音乐的美育功能最大化。相对于教师的主体地位而言，学生是执教的对象，是教师进行劳动实践的客体，是受教育者，受主体的引导进入良好的学习状态，并在整个学习过程中有好的体验。学生作为执教客体，在教师的引导下进行学习，学生从被动到主动接受教师指导的同时，也强化了教师的指导作用和主体性地位。主体引导客体，客体本身又有一定的主动参与能力，所以主体引导的方式就比较关键，能不能调动客体的积极性、提高客体的兴趣，决定了教学过程能否取得好的教学效果。

教师作为执教的主体，在音乐教学活动中的多个层面影响与学生的客体关系，课堂教学中的引导、体验、沉浸式学习和课外活动中的参与实践均体现出教师的主体指导地位。教师在教学中与学生产生互动，构建课堂内外立体式的教学环境，形成良好的主客体互动关系。

笔记栏

二、受教主体和受教客体

学生的学习是一个相对主动的过程，反之，学生在学习的过程中也会对教师有一定的影响。在这个层面上，学生是受教的主体，教师转化为受教客体。这个部分在教育过程中是至关重要的环节，如果学生不能自觉接受，再好的教育计划和教学方式也不能取得好的教学效果。另外，没有产出积极效果的教学过程对教师的影响也是消极的，无法获得教学相长。

教师与学生在受教过程中的主客体地位是辩证统一的关系。关于教学中的主客体关系，近年来形成了“教师主体论”“学生主体论”“教师、学生、教材三主体论”等观点，这些观点都是为了更好地组织教学而对教学中的主客体地位所进行的探索。小学音乐的教学在教学内容等方面有其自身的特点，不同于语文、数学等学科，与常规文化课程的教育活动有很大差异。小学音乐教学需要教师对学生进行音乐审美的引导，还需要学生主动地完成音乐表演、创作与欣赏等实践性活动。因此，小学音乐教学不能单一地通过“教师主体”或“学生主体”来诠释教学中的主客体关系，还要从执教与受教两方面来分析。

音乐教学活动存在教师和学生两类主体性个体（执教主体与受教主体），在教学过程中作为主体性个体的教师和学生构成实质性的互动关系，结成对象性关系才具有主客体关系的实质。同时，在执教过程中，教师主体引导学生参与教学活动，对学生实施有效影响，增强学生的受教主体化程度，教师和学生在教育活动中都具有主体性。辩证分析教学中主客体关系的目的在于发现和发挥教育活动中的人的主体性（即主观能动性），强调主客体之间协同合作，共同完成教学任务。正确认识教学中的主客体关系，才能更好地进行教学活动的组织工作。

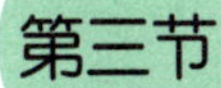

第三节 工作的具体实施过程

参考教学资料，请总结小学音乐教学组织工作的特点、重点及实施过程。

教师在小学音乐教学组织工作中，有哪些经验能帮助教学过程更好地实施？

笔记栏

在小学音乐教学中，教师和学生通过复杂的相互作用使教学成为一个动态统一的过程，教师通过一定的组织教学形式完成既定的教学任务。教学的组织形式是根据一定的教学内容和教学对象来实施的，做好小学音乐教学的组织工作是为了更好地为教学服务。

一、以教师为主体的组织工作

音乐教师在教学中通过歌曲教唱、音乐作品欣赏、乐器教学、音乐实践等教学手段，使学生的音乐活动与实践结合，帮助学生掌握音乐知识、技能，形成音乐审美及发挥美育的功能，提升认知与创造力，从而行之有效地组织教学。

（一）依据教材特点组织教学

根据教育部有关要求，《义务教育艺术课程标准（2022 年版）》将使用新版的音乐教材。依据核心素养的目标指向，课程的理念、内容等都有比较细致的规定。具体的课程内容可划分为三个阶段实施：第一阶段为 1—2 年级；第二阶段为 3—7 年级；第三阶段为 8—9 年级。小学音乐教师负责 1—7 年级两个阶段，教学组织工作中要落实课程目标和课程内容，强化教材的教育功能，满足学生的审美需求，并对学生实施思想教育、审美教育、知识与技能教育。音乐学科课程内容框架如图 6-1 所示。

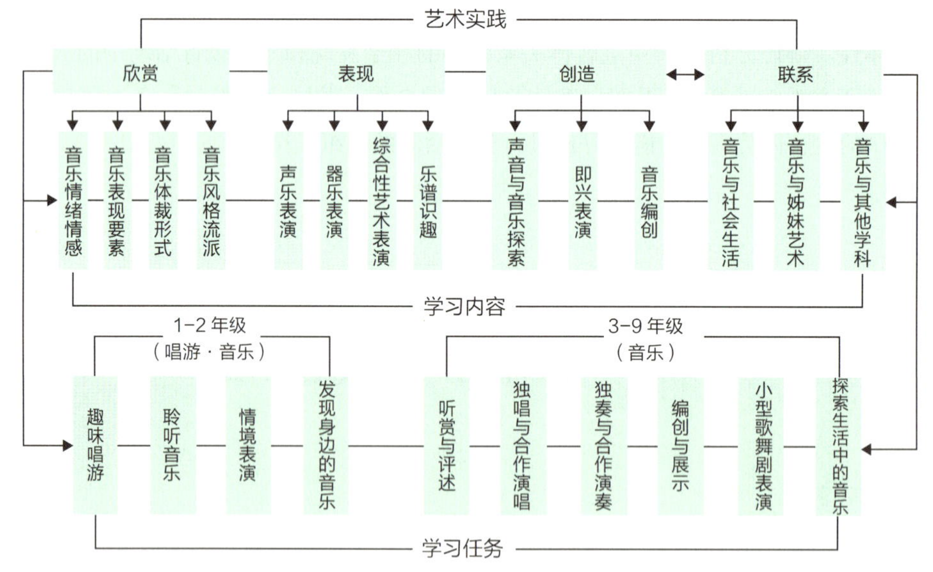

图 6-1　音乐学科课程内容框架

1. 音乐知识的学习和音乐能力的训练

《义务教育艺术课程标准（2022 年版）》中，1—2 年级唱游·音乐课程设置有“趣味唱游”“聆听音乐”“情境表演”“发现身边的音乐”四项学习任务。低年级学

笔记栏

段以“唱游”为主要的音乐学习形式，培养学生的节奏感、韵律感和初步的艺术表现能力。“聆听音乐”作为学习音乐的基础，培养学生良好的音乐听觉和欣赏能力，丰富学生的情感体验、听觉经验。结合新课程标准，课程内容可具体细化为认识音符、节拍训练、节奏训练、结构听辨、唱歌训练、识谱训练、情境表演、发现身边的音乐与声音等。教师在针对教学内容的教授上，要细致引导，例如在歌唱教学方面，要重视对演唱姿势、呼吸方法、节奏和音准等方面的规范，使学生借由歌唱环节来构建音乐技能基础，以期在下一阶段的音乐学习中具备良好的技能、乐感、素养为音乐学习根基。

3—9 年级音乐课程中有六项学习任务：“听赏与评述”“独唱与合作演唱”“独奏与合作演奏”“编创与展示”“小型歌舞剧表演”“探索生活中的音乐”。此阶段课程以音乐为主，融入舞蹈、戏剧（含戏曲），学生可分科选择课程。从六项学习任务来看，学生要通过学习与实践积累，具备赏析作品与评述作品的能力；在演唱、演奏、歌舞剧表演方面要有所侧重和选择。当然，具体音乐技能的培养除了日常的教学工作，也需要教师在音乐活动中发现学生的兴趣与天赋，因材施教、因地制宜，注重学生个性化培养。

2. 学习领域及教学方式

小学音乐教育的学习领域包括音乐欣赏、音乐基础知识学习、音乐技能培养、音乐创作、音乐与相关学科交叉培养等。教学通过一些具体的音乐活动形式来展开，比如歌唱、聆听、欣赏、活动、器乐表演、情境表演、创作实践等。在教学方式上，首先利用插图、乐谱、多媒体设备等使学生逐渐积累音乐基础知识与技能；其次利用现代教育技术的手段，使音乐教学从平面式教学上升到多方位的视觉、听觉、触觉、感觉的立体式教学。组织学生开展音乐实践活动，如小型音乐剧、情景剧、声乐表演或者器乐表演等形式的排练，以及鼓励个人与小组的音乐编创；组织音乐观摩学习，使学生进入音乐实践环节。

3. 音乐知识的贯穿及作业评价

教师对音乐知识的传授要做到准确、规范，同时也要综合考量学生的个体差异。教师在备课环节须以权威音乐工具书或者有代表性的学术专著作为参考，把知识点清晰、明确地教授给学生。文本及音像材料的选择基于《义务教育艺术课程标准（2022 年版）》的培养目标，以教育部权威机构指定教材或教辅材料为标准，围绕教学大纲进行选择；资料要选择具有权威性、普遍性，认可度高的版本。最终，在完成教学设计中既定的学习目标及学习要求后，教师可以通过书面作业和音乐实践活动对学生进行教学测评，考量长、短期内学生的受教育情况，通过积极的教学反思调整教学计划，从而达到教学相长的良好效果。学生之间也可利用自评、互评及他评相结合的手段，体现音乐课程评价的民主性，达到互相交流和相互激励的作用。

笔记栏

（二）时间、场地、教具的组织工作

1. 时间的组织工作

义务教育阶段的音乐教学根据教学大纲的要求，每个班的音乐课程教授的时间一般为每周 2—3 课时，同时每周有一次课外实践活动。组织形式上，教师可以以学校的音乐组为单位，进行集体备课、说课，从教学计划与教学形式等方面交流学习。还可以根据儿童心理发展的特点，从启发学生的学习兴趣入手，用提问、互动的形式循循善诱，引导学生进入教学内容的主题中。在音乐课堂教学的活动中，要合理安排引出问题、互动、知识传授等各教学环节的时间；把握好小学生学习的节奏性、时效性；轻松愉悦地体现音乐的美育、教育功能。课外的音乐教学实践活动需要合理有效的时间安排，从活动的策划到执行，把控好每个环节，合理分配时间，做到有主题、有计划地达成课外音乐实践目标。

2. 场地的组织工作

专业的教学场地及设备在音乐教学活动中是主要的客观条件，但目前我国大部分中小学的教学条件还是以正常的学校教室为主。有些学校配备多媒体以及钢琴、风琴或电子琴，为学生提供学唱或者表演唱的伴奏。除此之外，可以运用大的阶梯教室，以讲座的形式来进行音乐知识的普及。在教学过程中充分利用现代教育技术、网络资料，用线上与线下混合式的教学模式，使学生产生更多的代入感，沉浸到音乐中，深入聆听、感受，体验音乐之美。

3. 教具的组织工作

鉴于小学生有意注意时间短，无意注意占优势，有好奇、好动、好模仿等特点，因此，教师在教学中除了运用多媒体和伴奏乐器（教师操作为主）以外，还需要准备一些提高注意力的辅助教具。比如便于演奏的打击乐器，让学生进行节奏练习，提高学生在音乐实践中的参与程度，调动学生的学习兴趣。在学校教具条件不足的情况下，教师可以积极启发学生，自发地运用生活中的物品，动手制作打击乐器，发现并运用不同的音色表现力。当然，在教具资源充裕的情况下，教师要在教学中灵活地组织教学，课前教师要组织学生布置场地，为上课做好准备；同时，重视上课开始前的导入环节，可以采用游戏或角色扮演等形式使学生进入到课堂的学习中。教学环境和教学手段对教学结果有着直接影响，教师要设法解决音乐教学中存在的困难，如场地及教具等，使音乐教学不枯燥，同时注重学生的参与和实践。

（三）因地制宜的师资组织工作

师资组织工作是小学音乐教学组织工作中的重要一环。目前，由于人事制度、地域等多种原因，有些小学的音乐教师配备不足，音乐课难以开足课时。同时，繁重的教学任务又阻碍了教师的专业化发展，这是目前的普遍问题。因地制宜的教学

笔记栏

组织工作需要建立在教师配备基本达标的前提下进行。

新课改对义务教育体制下的教育工作提出了更高的要求，师资部分需要提升教师的专业化进程。作为一名新时代教师，需要“一践行三学会”，即践行师德，学会教学、学会育人、学会发展。小学音乐教师是从事小学音乐教育教学工作的专职人员，必须具备小学音乐教学的资质，取得国家的认证资格。小学音乐教师专业化是指教师接受过专业的音乐知识理论与技能的学习；接受过岗前培训，具备教学能力和职业道德；在职期间仍不断地接受继续教育，并服从相应制度的监督与管理。对小学音乐教师的具体素质要求如下：良好的艺术修养；丰富的相关文化知识；音乐综合性课程的整合能力；开发利用各种课程资源的能力；熟练运用多媒体技术；良好的教学反思能力；熟悉小学生的生理、心理发展特点以及音乐审美心理发展特点。

师资组织方面，学校要合理地按照班级的数量配备教师，合理安排课时及工作量，结合学校的办学条件，因地制宜，合理分配。

二、以学生为客体的组织工作

小学音乐教师的教育对象是6—12岁的孩子，其年龄跨度大，生理处于人生发育的高峰，如脑、耳、眼、手的功能快速发展，心理方面呈现由具象思维向抽象思维发展的趋势，情绪也逐渐趋于稳定，无意注意比有意注意的时间长。根据小学生的生理和心理特征，开展以学生为客体的教学组织工作，培养学生的自主、合作、探究学习的能力与习惯。新课改倡导学生主动参与、乐于研究、勤于动手，培养学生搜集和处理信息的能力、获取新知识的能力、分析问题和解决问题的能力以及交流合作的能力，在充分发挥学生主体性的基础上，形成多样化的学习方式。

（一）以年级为单位的组织工作

目前，学校的教学组织形式还是以年级为单位，进行统一的课程安排，学生在班级中培养集体意识，发挥协作精神。音乐课在培养学生的集体意识上起着至关重要的作用。小学阶段的学生根据其心理发展特点，其学习能力可以分为两个阶段：低年级的“写实阶段”，学生对任何艺术作品都以艺术形象与生活实际是否相像来评价作品好坏，在这一阶段的学习中，教师着重对学生进行音乐感知力的培养，带领学生体验音乐的美感；高年级进入到“抽象阶段”，学生在这一时期会对艺术作品表现出一定的审美态度，并形成自身的审美爱好，在这一阶段的学习中教师要着重开发学生的音乐感受力，培养对音乐的鉴赏力，引导学生培养学习的自主性。通过运用现代教育技术，比如视听课需要利用图、文、声、色等呈现形式，激发小学生对音乐的学习兴趣，引领学生走进音乐。同时，学生可以发挥自主性，在多媒体及多元教具的运用上，找到自己的兴趣点来配合教师的教学工作。

笔记栏

（二）社会实践的组织工作

教师利用校内课程资源比较容易实现，但是丰富的校外家庭资源以及社会资源在一定程度上没有得到很好的利用。教师虽然不能对每一领域都有深入的研究，但是要善于结合当地的实际情况，吸收本地区民歌、舞蹈或其他音乐形式，利用具有地区、民族特色的音乐课程资源，有意识地与有音乐素养的学生家长、本地高校音乐教师、文艺团体演员等建立广泛联系，根据需要邀请校外人员开设讲座，或对学生进行培训，让这些社会资源能够参与到学校的音乐教育中。这样既可以开阔学生的视野，同时又弥补了学校音乐资源的不足。

教师要鼓励学生在有条件的前提下观摩各种音乐类演出，深化学生对音乐的理解，并尽可能安排学生参加校外的音乐类演出及比赛。教师要有选择、有组织地对现有学生资源进行合理规划，组织学生参与社会实践，使学生能在有限的学习环境中培养自主合作的能力，并在活动中增强个人价值感。

第四节 工作的检验

参考相关政策法规、资料或集体讨论，思考检验小学音乐教学组织工作的标准是什么？

教师如何评价自身的音乐教学组织工作？请以教学反思的形式描述。

小学音乐教学组织工作的检验要从三个方面着手：对教师教学组织工作的检验、对学生教学组织工作的检验、对教学组织工作结果的检验。随着小学音乐教学组织工作的开展，如何行之有效地检验也是评价音乐教学成功与否的标准。

一、对教师教学组织工作的检验

小学音乐教学的组织工作中，教师作为执教主体，在教学过程中起着至关重要的作用。如何检验其组织工作的成败，应当先从教师自身出发，教师要通过教学组织工作检验自身的教育教学素养是否达标。艺术修养方面，如教师能否在课堂中富有表情地准确范唱，娴熟、流畅地弹好钢琴伴奏，恰当地表达音乐形象等。教学能力方面，如教师能否在教学过程中合理地组织教材，用清晰、准确的语言表达教学思想，是否有亲切和蔼的教态、机敏的应变能力等。因此，小学音乐教师的音乐素质、艺术修养、教学基本功、教育教学能力应当是检验小学音乐教师教学组织工作的重要指标。

二、对学生教学组织工作的检验

学生在教学组织过程中是受教主体，其学习行为具有很强的个人主观能动性；同时，学生又是教师执教的客体，教师的教学组织工作影响学生的学习结果。那么，如何检验学生学习的结果是否达到了教师教学计划的要求，可以从以下几个方面评估：是否激发、培养了小学生学习音乐的兴趣；是否在音乐教学组织的过程中建立了音乐审美；是否在学习过程中具备了一定的音乐素养与基本功；是否在音乐教学组织的过程中培养了集体协作的能力；是否在受教过程中养成了学习音乐的好习惯等。评估的问题可采用量化的方式，如打分测评、问卷调查，尽可能量化音乐活动的评估，以数据、表格的形式体现，从而检验对学生教学组织工作的结果。

三、对教学组织工作结果的检验

对小学音乐教学组织工作结果的检验要从教师主体、学生客体的互动教学过程中来进行总结。小学音乐教师的教学组织工作体现在课堂内外的个人主观能动性上，并直接作用于受教学生客体。在教学组织过程中，教师刻画了自身的执教主体形象，把自身的教育教学能力贯穿到整个教学过程，体现教师的自我价值。学生在受教过程中发挥主观能动性，主动培养并发展个人学习音乐的兴趣和能力。教师和学生互为检验和评价教学组织工作结果的主体。

四、结语

《义务教育艺术课程标准（2022 年版）》是在习近平新时代中国特色社会主义思想的指导下，尤其是近年来在习近平同志文艺思想的影响下，提出文艺要有大历史观、大时代观；传扬中华优秀传统文化；坚定文化自觉、增强国人的文化自信的要求与展望。小学音乐课程要充分发挥培养学生审美和人文培养功能，以兴趣爱好为动力，面向全体学生，注重个性发展，重视音乐实践，鼓励音乐创造，提倡科学综合，弘扬民族音乐，理解多元化、完善评价机制。总之，小学音乐教育是艺术教育的重要组成部分，如何做好教学组织工作尤为重要。同时，教学又是一门艺术，在整个教学活动中，教学组织工作起到骨架作用，它关系到教学的成败，尤其对担任艺术学科的小学音乐教师来说显得更为重要。在新课程标准理念的指导下，小学音乐教师要继续在教学组织工作中不断摸索和总结，在教学过程中因地制宜、教学相长，并不断地提高自身的教学组织能力，为国家的艺术教育事业贡献力量。

笔记栏

总结与反思

思维导图

小学音乐教学组织工作的目标和内容是什么？小学教学组织工作中主体与客体及二者关系是什么？以教师为主体的教学组织工作有哪些内容？以学生为客体的教学组织工作有哪些内容？用思维导图的形式画在下方。

工学结合

1.选择小学音乐教材中的一节，撰写教学组织工作的具体流程。

2.与同学讨论：小学音乐教学组织工作的实施中，哪个环节最重要？有什么改进办法？

笔记栏

3. 与教师讨论：通过听课、讨论环节，互评教师在工作的具体实施过程中的表现。

学习评价

内容	评价指标	分值	学生自评	教师评分并点评
小学音乐教学组织工作的目标和内容	准确掌握小学音乐教学组织工作的目标和内容，并能撰写实施流程	20		
小学教学组织工作中主体与客体及二者关系	能够准确定位小学音乐教学组织工作中教师主体与学生客体的关系，积极引导，达成教学目标	15		
以教师为主体的教学组织工作内容	教师在音乐教学组织工作中要依据教材特点，选择时间、场地、教具，并能够因地制宜组织调动师资力量	25		
以学生为客体的教学组织工作内容	教师在音乐教学组织工作中，能够分析不同年级学生客体的学情，能够组织多种形式的社会实践，拓展并丰富教师的音乐教学	25		
小学音乐教学组织工作的检验	小学音乐教学组织工作的检验须从教师与学生两者之间进行评价，设置相应的评分标准，量化评价机制	15		
总评		100		

拓展阅读

《音乐教师 360 书屋·音乐课堂乐乐的》，郭声健，暨南大学出版社。

《音乐文化与音乐人生》，沈致隆、齐东海，北京大学出版社。

第七章

小学音乐学习评价建议与音乐学业质量检测

▶ 素质目标

1. 将思政内容融入小学音乐学习评价建议与音乐学业质量检测的内容与标准中，优化与完善测评制度，促进学生全面、健康地发展。

2. 与思政内容相结合，科学地运用测评方法，全面提高学生素质，树立正确的人生观、价值观。

▶ 知识目标

1. 了解小学音乐学习评价建议与音乐学业质量检测的目标与原则。

2. 了解小学音乐学习评价建议与音乐学业质量检测的内容与标准。

3. 了解小学音乐学习评价建议与音乐学业质量检测的方式与方法。

▶ 技能目标

1. 能够遵循小学音乐学习评价建议与音乐学业质量检测的原则。

2. 能运用小学音乐学习评价建议与音乐学业质量检测的方法。

▶ 情感目标

提升学生的认知程度、欣赏美的标准及创造美的能力。

音乐教育作为小学教育的重要组成部分，要面向全体学生，坚持以人为本的教育理念，采取科学、有效又切实可行的方法，对学生的音乐学习情况作出检测评估。这样才可以有效地激发学生学习音乐的积极性，激励教师不断提高教育教学能力，完善学校的教学管理，推动小学音乐学科教育教学的发展。

笔记栏

第一节 评价建议与质量检测的目标与原则

查阅各学习阶段的测评目标与原则的相关资料，并进行对比分析。

思考与理解小学音乐学习评价建议与音乐学业质量检测的目标与原则的重要性。

一、小学音乐学习评价建议与音乐学业质量检测的目标

小学音乐学习评价建议与音乐学业质量检测是依据现行的教育方针、政策、性质，按照已确立的教育目标，采取科学、有效又切实可行的方法，对学生的音乐学习情况作出的评定。它是音乐教学工作的一个必要的基本环节，同时也是提高教学质量的重要手段。

小学音乐学习评价建议与音乐学业质量检测要按计划适时地进行，要实事求是地作出公开、公正的评价，并同步采集、汇总教学信息。小学音乐学习评价建议与音乐学业质量检测的目标充分体现全面推进素质教育的精神，贯彻《义务教育艺术课程标准（2022 年版）》的基本理念，着眼于音乐课程的教育功能、激励功能、改善功能，有效地促进学生发展，激励教师进取，完善教学管理，推动小学音乐学科教育教学的发展。

二、小学音乐学习评价建议与音乐学业质量检测的原则

进行小学音乐学习评价建议与音乐学业质量检测，应坚持以人为本原则、导向性原则、科学性原则、整体性原则、可操作性原则，还应考虑和兼顾学生在音乐学科学习上存在的接受能力、掌握程度、兴趣偏好等方面的差异，在学科全面发展的基础上，重视学生个体的特长与发展。

具体来说，教师必须把握素质教育的大方向，全面提高学生素质，有利于学生看到自己的进步，发现和发展自身的音乐潜能，建立自信心，促进学生乐感、认知、演绎和创新等能力的发展；测评指标和方法的确定和选择，应该以音乐学科的特点和音乐教学的客观规律为依据，体现小学音乐课程的性质与价值，符合小学生的身心发展特点和音乐审美教育规律，做到科学、客观、准确、公正；对学生的评价及

笔记栏

检测应用发展的眼光，从整体出发，涵盖课程目标的各个层面和音乐教学的各个领域，使测评起到激励和促进的作用；评价及检测的标准和方法要清晰、明了，便于实施和推行，把它更好地融入教育教学的全过程，营造一个喜闻乐见、良性互动、生动活泼的测评氛围。

第二节 评价建议与质量检测的内容与标准

查阅相关资料，全面了解小学音乐学习评价建议与音乐学业质量检测的内容与标准。

小学音乐学习评价建议与音乐学业质量检测包括哪些内容与标准?

小学音乐学习评价建议与音乐学业质量检测要面向全体学生，测评应关注学生的情感、态度与价值观和知识与技能方面的指标；还应考查学生的学习过程与方法是否确实有一定的成效，包括学生对音乐的兴趣、爱好、情感反应，学生在音乐实践活动的整个过程中表现出来的参与程度、合作愿望及协调能力，学生对音乐的认知、欣赏、体验、模仿、表现和创编能力，学生对音乐与关联文化的认同及审美情趣的形成等方面，从而提升学生的认知程度、体验美的情趣、欣赏美的标准、演绎美的欲望及创造美的能力。要科学定位小学音乐学习评价建议与音乐学业质量检测的内容，结合学生的个体差异、整体音乐素养水平等因素，通过实时测评，让学生及时了解自己的进步，不断发现自身的音乐潜能，促进自身全面、健康发展。小学音乐学习评价建议与音乐学业质量检测的内容与标准具体从以下四个方面来说明。

一、情感、态度与价值观

小学音乐学习评价建议与音乐学业质量检测以对学生情感、态度与价值观的关注为首要内容，其中包括学生对音乐的学习态度、学习兴趣、审美情趣、情感体验以及学生对音乐与人生、社会、自然的看法等。

美育涵盖了音乐教育，音乐课是实施美育的主要途径，音乐教育的本质是情感审美的教育，它的教育方式应该是以情感人、以美育人。传统的小学音乐学习评价建议与音乐学业质量检测的内容过于偏重学生对音乐知识与技能的掌握，忽略了对学生的音乐学习兴趣、音乐实践活动参与程度以及音乐学习经验的关注，将音乐知识、技能与音乐学习者的关系本末倒置了。实际上，从学生全面发展的角度而言，应加强对学生表露出来的情感、态度的关注，这是关系到人的情感修养、人生态度、人格健全发展的问题，这也正是音乐学科所独具的学科教育特质。因此，在测评学生对古今中外不同题材、体裁、风格的优秀音乐作品的体验时，首先要关注的是学生对作品情感内涵的感受、理解和表现能力；在测评学生的综合音乐学习能力时，首先要关注的是学生的音乐学习兴趣、参与音乐活动的态度、音乐学习方法等方面，这样才能对学生的全面发展真正起到引导、促进、提高的作用。

二、知识与技能

对于小学生来说，音乐知识与技能是音乐学习中必要的、最基础的内容。这些内容可以为学生今后进一步深入学习音乐打好基础，同时也是人的文化素质中所必备的。可见，对音乐知识与技能的考核同样是学生音乐学业质量检测的一个重要组成部分。考核内容应以小学各学段的学习内容为依据，可总结为以下几个方面。

（1）音乐基础知识：了解音乐基本理念，掌握相关中外优秀音乐作品、音乐体裁、音乐风格、音乐表现手段等。

（2）音乐基本技能：能够完成声乐演唱、器乐演奏、舞蹈、音乐及舞蹈创作等。

（3）音乐与相关文化：了解音乐历史，以及音乐与姊妹艺术、音乐与社会生活等的关系。

三、过程与方法

音乐学科具有与其他学科不同的特征，针对音乐审美教育来说，很多目标涵盖在学习的整个过程中。检测的最终目的不仅是要使学生懂得音乐，而且要使学生懂得如何学习音乐。小学音乐学习过程与方法的检测有以下几个方面。

（1）体验性学习能力：在实践活动中获得真实的经验体会以及对音乐的感悟能力。

（2）鉴别性学习能力：比较、鉴别、听辨、分析和评价的能力。

（3）探究性学习能力：深入探究及创新的能力。

（4）合作性学习能力：团队合作能力、分享与分担的意识。

（5）综合性学习能力：涉猎相关学科的程度、了解姊妹艺术的程度、学习信息整合的能力。

小学生的智力发育还处于一个不完善的阶段，对学习方法的选择有一定的局限性和不确定性。通过对音乐学习过程与方法的检测，不但可以正确引导学生对自己的学习过程和学习结果适时作出评价，进行分析、对比、反思，以不断地调整和

笔记栏

改进他们的音乐学习，也可以引导学生主动参与到探究音乐的活动之中，鼓励学生进行积极的思考、想象与推理，参与研讨和论证，并大胆地提出所遇到的问题及有效解决问题的策略和方法，还可以引导学生抓住机会与他人进行合作、交流，相互学习，相互配合，增强协作能力和团队意识，培养集体主义精神，懂得分享，懂得奉献。

四、学生个体差异性

小学生的音乐兴趣、音乐素养水平存在着很大的差异。由于先天遗传因素和后天教育因素等的影响，学生在学习能力、学习方法以及对音乐的感受、欣赏、演绎和创作的能力上皆不同。因此，在进行小学音乐学习评价建议与音乐学业质量检测时，应充分了解和尊重学生的个体差异，不能用统一的标准去测评每个学生的音乐能力，要把所有学生的整体参与和发展与每个学生的个性发展有机结合起来，使每个学生都可以通过自己喜欢的方式参与音乐实践活动，去感受音乐、欣赏音乐、演绎音乐、创造音乐，充分体验学习音乐的乐趣，进而促使学生个性的发展和音乐素养取得不断进步和提升。

在进行小学音乐学习评价建议与音乐学业质量检测时，应根据学生的具体情况，结合教学内容和要求设计出不同的测评标准，让不同层次的学生都能够在音乐实践活动过程中体验音乐的美妙，享受成功的喜悦；同时引导学生客观地肯定自己的进步并正视自己存在的不足，明确指出改善和努力的方向，使其得到多方面的发展和更大的进步。

第三节 评价建议与质量检测的方式与方法

查阅相关资料，分析各种检测方式与方法。

如何科学地运用检测方法？

笔记栏

在《义务教育艺术课程标准（2022年版）》的指导下，小学音乐学习评价建议与音乐学业质量检测的方法丰富多样，具有多元化特征，体现“以人为本”的教育理念，促进学生身体健康、和谐发展，尊重人与人之间的差异，着力激发人的主体精神，着眼于学生当前和今后的发展及教师素质的不断提高。

一、形成性测评与终结性测评相结合

（一）形成性测评

形成性测评是一种检验学生阶段性学习效果的测评方法，它的功能是了解、检验学生在不同阶段的学习效果，把握教师在这些时段的教学进展情况，按实际情况及时调整教学计划，改进教学方法。形成性测评应该经常在教学过程中进行，它是非常重要的一种测评方式，教师应给予充分的关注。教师在测评过程中，可采用观察、提问、讨论、表演等方式进行，并为学生建立相应的资料档案袋或成长记录册，记录学生的阶段性课程表现、进步程度，以及学生在校期间所受到的表扬和奖励，形成阶段性描述评价，作为检测学生音乐学业质量的标准之一。它能反映学生在一定时间内各方面的学习状态，使每个学生都能体会到成功的喜悦，知晓自己不断进步、良性发展的轨迹，激发学生学习音乐的兴趣和继续学习、不断进取的热情。

（二）终结性测评

终结性测评是在期末课程结束时进行的检测，所检测的内容包括整个学期的全部学习内容。它是在形成性测评的基础上，对学生在本学期或本学年的音乐学习进行的终结性检测评定。每个学期或学年的终结性测评对总结和回顾学生这一阶段的音乐学习成果非常重要，家长和社会都比较关注，要予以足够的重视。

只有把形成性测评和终结性测评结合起来，才能对学生进行全面、具体的测评，获得更好的测评效果。

二、定性评述与定量测评相结合

（一）定性评述

定性评述的优点显而易见。例如，对学生的音乐学习采用定性评述，可以针对学生表现出的兴趣爱好、参与态度、交流合作情况、知识与技能的掌握情况等难以用精确的数值来测评的方面，用较为准确、形象的语言文字简要地加以评述。定性评述的缺点是工作量大，实际操作起来有一定的困难，适宜在班级人数不多的情况下实行。

（二）定量测评

定量测评具有较为准确、便于实际操作等优点，如根据需要，针对学生的音乐

笔记栏

能力或音乐学习水平作出定量测评，获得每个学生的等级或具体的分值。但音乐是情感的艺术，类似于情感体验、感悟程度、鉴赏能力、热情、兴趣等方面是很难用定量测评方式来进行检测的。

定性评述与定量测评各有其价值和作用，有必要把定性评述与定量测评结合起来运用，并根据具体的检测对象和内容，对这两种检测方式各取其利、去其弊，这样才能够使检测更为科学、真实、准确，便于实施。

三、自评、互评与他评相结合

（一）自评

自评是根据一定的教育教学活动的理念、目标，让学生对自己的学习进行测评的一种方法。自评以语言文字描述为主，它的优点是可以让学生通过生动活泼的形式，把自己的审美情趣、学习方法、知识掌握程度等学习情况进行回顾、总结和反思，实施起来简便易行且省时、省力，教师应予以充分的重视。测评时要注意充分调动学生的积极性和主动性，承认学生在音乐学习上的个体差异，根据不同学习阶段的特征，广泛、灵活地加以运用。其缺点是自评主体为学生本人，几乎没有外界参照系数，由于小学生的人生观、价值观还处于初级发展阶段，对自己的测评、反思意识和能力都比较弱，容易随性、主观，判断不准确。教师和家长应对学生进行帮助和引导，让其学会进行阶段性的自我反思和测评。

（二）互评

互评是测评主体间相互测评的一种测评方法。学生之间的互评可以促进他们相互交流、学习和借鉴、互相激励、共同进步，也可以在测评的过程中看到自己存在的问题和不足之处，使学生的认知程度和能力得到有效提升。学生之间开展互评的次数、间隔的时间和互评的方式都要得当。由于每个时期学生的知识水平、接受能力、情感发展水平等情况都各不相同，都处于发展变化的状态，因此，在学生进行互评时要针对学生的具体情况进行具体的设计和部署，尽量采用简便、可行的方式和方法。

（三）他评

他评较之自评，可以使测评结果更为客观，尤其是教师对学生的测评，可以较为准确、客观地对学生作出测评，具有较高的权威性和可信度。但是，他评对测评者要求较高，在实施过程中，要注意控制好规格和范围，以免花费过多的人力、物力和财力，而且不宜频繁进行。

将自评、互评、他评三者有效地结合起来，根据具体的测评对象、测评内容有选择地进行。这更有利于学生找出自己存在的问题和不足之处，从而改进学习方

笔记栏

法；有利于学生学会理解和接受他人的意见，促进自我反思意识和总结能力的提升；有利于学生间相互交流、相互激励、自我激励，进一步提高学生的学习积极性；可以发展学生多方面的能力，促进小学音乐学习取得更加良好的效果。

总结与反思

思维导图

请你将本章所学内容加以总结，用思维导图的形式画在下方。

工学结合

1. 与同学讨论：传统的小学音乐学习评价建议与音乐学业质量检测存在哪些问题？

2. 通过学习与思考，根据教学需要，自行设计一套检测方案。

笔记栏

学习评价

评价内容	评价指标	分值	学生自评	教师评分并点评
小学音乐学习评价建议与音乐学业质量检测的目标与原则	明确小学音乐学习评价建议与音乐学业质量检测的目标与原则的概念	20		
小学音乐学习评价建议与音乐学业质量检测的内容与标准	全面了解小学音乐学习评价建议与音乐学业质量检测的内容与标准	40		
小学音乐学习评价建议与音乐学业质量检测的方式与方法	能科学地运用检测方法	40		
总评		100		

拓展阅读

《上海市小学基于课程标准的评价指南》，上海市教育委员会教学研究室，上海教育出版社。

PART 3

下篇 教学应用

第八章

小学音乐教学设计案例及实施方案

素质目标

1. 能深挖教材蕴含的文化，并将之运用到课堂中，为学生的文化理解素养打下基础。

2. 引导学生对不同类型的乐曲形成正确的审美感知。

知识目标

1. 掌握小学音乐教学设计案例的基本内容和流程。

2. 掌握小学音乐说课稿的基本内容和流程。

3. 了解小学音乐教学实施方案的内容。

技能目标

1. 能够根据小学音乐教材设计教学案例。

2. 能够根据小学音乐教材设计说课稿。

3. 能根据具体情况编写小学音乐教学实施方案。

情感目标

学生能形成正确的价值观、必备品格和关键能力，包括审美感知、艺术表现、创意实践和文化理解四个方面。

编写小学音乐教学设计案例以及说课稿是每一位小学音乐教师的必备能力，须熟练掌握音乐教学中“唱歌”“听赏”“活动”三大板块的备课方法。在此基础上，教师根据课程标准及学校实际情况，编写出适用于本校的教学实施方案。

笔记栏

第一节　小学音乐教学设计案例

通过数据、网络查阅相关资料，请你简单概括音乐课堂核心素养内容是什么。

以“唱歌”为主、以“听赏”为主、以“活动”为主的音乐课堂有什么不一样?

《义务教育艺术课程标准（2022 年版）》指出，音乐课堂要围绕培养学生审美感知、艺术表现、创意实践、文化理解这四个方面进行。这四个核心素养相辅相成、相得益彰，贯穿在音乐课堂的全过程。在教学中应遵循以学生为主体的原则，教师用正确的价值观引领学生的音乐审美感知，积极让学生参与课堂音乐活动，培养其表现能力，并使学生在音乐课堂中迸发出创造激情。

课堂效果是否能达到课程标准要求与教学设计息息相关。如何成为一节“好”课，首先要准确理解教材内容及编写意图（如从单元主题内容、本课教材出现的知识点或者课后问题等方面进行理解），分析作品的曲式结构、音乐风格等，并挖掘其背后所蕴藏的文化底蕴，形成教材分析，为教学环节打下基础。其次，根据皮亚杰认知发展理论，小学生的认知发展处于具体运算阶段。在这个年龄段中，从低年级到高年级，学生的音乐能力都在快速增长。进行教学设计时，应遵循学生认知发展规律，比如一、二年级学生好奇、好动、模仿能力强，抓住该学段学生特有的特征进行教学，将事半功倍。在撰写教学设计或者进行案例分析时，可以将小学生的认知发展作为判定教师的教学行为是否达到预设课堂效果的标准之一。

课程标准根据学生的发展规律设定教学目标，要严格按照音乐课程标准进行，既要满足标准，也不能天马行空地提出“假、大、空”的任务。理解教学目标，先要理解审美感知、艺术表现、创意实践、文化理解是一个教学目标的四个方面，而不是独立的教学目标，它们是统一而不可分割的整体。

教学过程能否围绕四个核心素养进行，是决定该课成功与否的关键。在教学过程中，教师提出问题、学生解决问题应该是循序渐进、由简入繁，多层次、多维度地进行。提问环节设置的目的就是为了让学生更好地发现音乐美、体验音乐美、创造音乐美。此外，课堂的实施有不可控性，这个不可控性是多方面的，尤其是学生

笔记栏

的个体差异性。因此，在实施教学设计时，可以根据实际情况，灵活改变方式与方法。

小学音乐课按照教学内容可以分为三个模块，分别是“唱歌”“听赏”“活动”。教师不能从字面上理解该课是只进行其中一种的单一教学活动，而是将唱歌、听赏、活动这些教学类型作为音乐课堂载体，提升学生的审美感知、艺术表现、创意实践、文化理解。

一、小学音乐“唱歌”课型教学设计案例

“唱歌”课型教学内容，顾名思义，是以唱歌为主的音乐课堂，因此教师对学生的音准、声音、情绪等方面要进行引导。在教学过程中，教师应避免理论说教，关键是激发学生的兴趣，可以通过教师示范、学生演唱后的互评、互相解决问题、教师进行即时评价等手段解决“唱歌”模块课堂教学中的困难。“唱歌”课型的基本环节如下：导入—初听—复听—学唱歌曲—拓展—小结。

雪花

望安 词
马成 曲

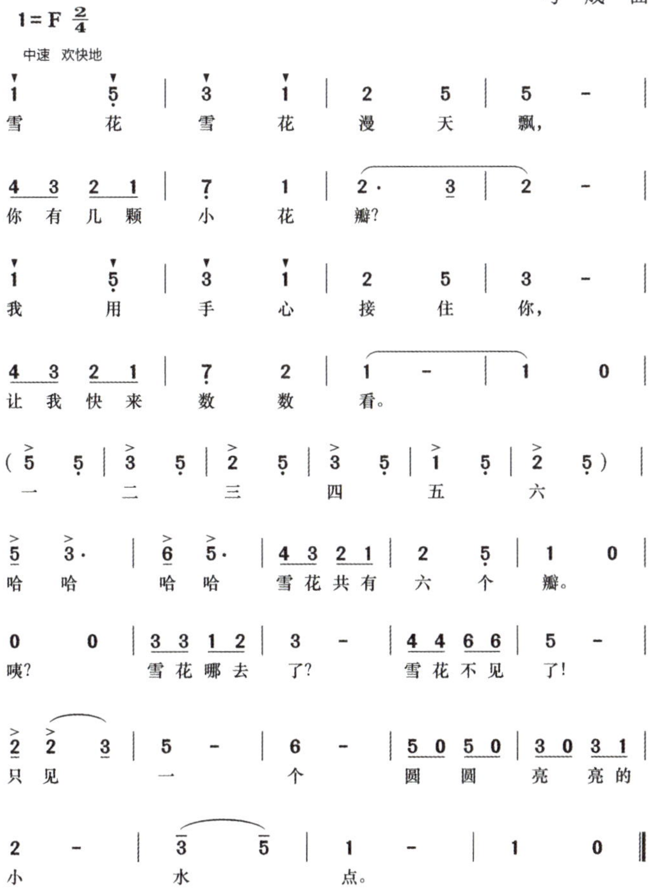

1=F $\frac{2}{4}$

中速 欢快地

雪花雪花漫天飘，
你有几颗小花瓣？
我用手心接住你，
让我快来数数看。
（一 二 三 四 五 六）
哈哈哈哈雪花共有六个瓣。
咦？雪花哪去了？雪花不见了！
只见一个圆圆亮亮的小水点。

图 8-1 《雪花》谱例

笔记栏

（一）主题名称：《雪花》

人民教育出版社《二年级：上册》第六单元第三课“唱歌”。

（二）教学内容分析

本节课的教材选自人教版小学音乐教材二年级上册第六单元“下雪啦”。《雪花》是一首欢快、活泼、富有童趣的儿童歌曲，F大调，2/4拍，采用多乐句的不规整结构。第一、二乐句的节奏与第三、四乐句基本一样，“一二三四五六”虽然是念白，没有旋律，类似一个经过句，但从歌曲的整体结构来看，却是歌曲不可分割的一部分。歌词描写儿童对晶莹的雪花感到好奇，数“花瓣”的情景，表现了儿童对大自然奥秘的初步探究过程，寓科学知识于歌唱活动中，学生可以从浅显易懂的歌词中获得科学知识。这首歌曲虽然短小，但歌词具有儿童特点，音乐形象生动，充满乐趣，是一首优秀的儿童歌曲。

（三）学情分析

二年级的学生好奇心强、活泼好动、善于模仿，经过一年多的小学学习，已经掌握了一定的歌唱方法和习惯，对音准也有一定的把控能力，他们对未知的事物充满了好奇，有较强的求知欲望，对音乐知识有了初步的了解和认识，想象力丰富。因为他们正处于建立正确发声方法和发声状态的过程中，所以有部分学生对声音的把控和对歌曲力度变化的把握还有欠缺，需要教师的指导，帮助他们更好地表现音乐情绪。

（四）教学目标

审美感知：通过学唱歌曲，体验冬天带给我们的美好感受。培养学生用欢快活泼的声音演唱歌曲，歌颂大自然，热爱大自然。

艺术表现：学习和了解顿音记号、重音记号、保持音记号，从而有效地促进学生审美能力的形成与发展；培养学生自然有表情地演唱歌曲。

创意实践：采用情境式的教学方法学习歌曲，通过聆听、律动、模唱、表演、编创等音乐实践活动感受歌曲。

文化理解：通过学习歌曲，了解雪花的形成过程以及雪花的几种形态，体验大自然带来的神奇感受。

（五）教学重点

引导学生完整、准确地演唱歌曲，正确表达歌曲情绪，展现好奇—探究—惊喜的过程。

（六）教学难点

掌握顿音、重音、保持音的唱法，能够根据音乐记号表现歌曲情绪。

（七）教学过程

笔记栏

1. 导入（猜四季）

师："老师有四个好朋友，它们藏在老师的歌声里，你们猜猜都有谁？"演唱后师生交流。

2. 新课学习

（1）开启密码找朋友（模唱乐句）

师："老师和他们感情都很好，但是特别喜欢冬天！因为冬天可以带他另外一个朋友和我们玩。我给冬天打个电话。'（打电话）冬天，你带你朋友过来一起玩呀？要考考我们？唱好一句旋律才能过来？行！'"

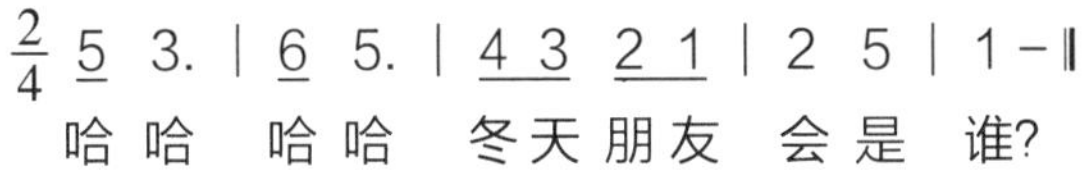

2/4 5 3. | 6 5. | 4 3 2 1 | 2 5 | 1 - ‖
哈 哈 哈 哈 冬天 朋友 会 是 谁?

学生模唱第一遍，不带力度记号。

（2）交朋友

①初听歌曲，揭示课题。

师："（打电话）冬天，我们唱得好不好？快带你朋友过来吧！我们瞧瞧它是谁。"（板书）

师："谁见过雪花？雪花是什么样的？"

师生交流。

②认识雪花（播放小视频）。

师："雪花是怎么来的呢？我们来看看。"

③再次聆听歌曲，感受第一部分节奏的异同。

师："同学们，老师考考你们，请用你们好学的小眼睛观察前面四句的节奏有什么相同和不同？"

师生交流。

④教师带领学生按节奏读第一部分歌词。

师："我们把第一段的异同都找出来了，老师带你们感受一下漫天雪花飘的情景。你们听一听，哪种读法最能体现雪花轻盈飞舞的感觉？（第一次不带顿音记号读，第二次带顿音记号读）在音乐里，我们把这种轻巧、短又跳的记号，叫作顿音记号。"（出示顿音记号图片）

⑤教师带领学生按节奏读第二部分歌词。

师："我用双手接住雪花了，它真漂亮，我们一起数数看，一二三四五（响板）。雪花真可爱，你们了解它吗？我问你们答，看看你们能跟上老师的节奏吗？哈哈，哈哈，雪花共有几个瓣？"

师："（课件：雪花消失）咦？雪花哪去了？雪花不见了！同学们，我们一起告诉冬天吧！（手预示一起）咦？雪花哪去了？雪花不见了！"

笔记栏

师："冬天说让我们看图片。"（课件，一个圆圆亮亮的小水点）

3. 唱《雪花》（放原唱音视频）

（1）模唱旋律

师："我们已经带节奏读了这首歌的歌词，请你们用'en'发音，感受歌曲的旋律吧。"

（第二遍）师："我们改用'lu'来模唱。"

（2）填词模唱歌曲

师："我们把歌词填进去唱一唱。"

唱完让学生跟原唱再唱一遍。

（3）完整演唱

师："刚才这一遍你们唱得怎么样？遇到了什么问题？哪里还需要改进？你们有什么办法？"

师生交流，教师点评。

（4）再次演唱，教师点评

4. 冰雪奇缘（律动教学）

师："小雪花把我们的大地装扮得像洁白无瑕的童话世界。有一个童话世界的人物能变出雪花，还能变出冰雪城堡，那就是《冰雪奇缘》里的艾莎公主。你们看过这部动画片吗？让我们回顾一下。"

"我是雪宝，是艾莎公主变出的雪宝！我是雪花变成的。"

"让我们一起体验雪花怎么形成吧！"

（念到旁白"小雪花白又白，你可知道我从哪里来"的时候，学生打开双手、双脚，左右晃动。念到"我本来自江河水"时，学生模仿水，和旁边同学手拉手，做出水波状。念到"太阳一晒变云彩"时，学生模仿水蒸气往上飞，和同学双手握在一起模拟白云。念到"大风一吹，冷得受不了，变成雪花飘下来"时，学生双手抱着身体发抖，慢慢打开双手，模仿雪花飘下来的状态，和身边的小雪花打个招呼）

5. 总结延伸

师："同学们，小雪花很平凡，但是却把短暂的一生贡献给了大地，让他们度过了寒冬。我们也应该像小雪花一样，可能一生会很平凡，但是只要有梦想，朝着梦想的方向努力，最后，梦想也会实现的。如果你是雪花，你想说什么或者想干什么？"

二、小学音乐"听赏"课型教学设计案例

小学音乐"听赏"课是以听赏为主题内容，培养学生音乐核心素养的教学过程。因此，在课堂教学的总体结构上，导入环节应该要紧扣教学主题。听赏课的课堂可以按照以下流程进行：情境导入—初听—整体感知—分段赏析—总体再赏—拓

笔记栏

展创新—点评结果。听赏课的全部流程不一定都以听赏的方式来进行教学，遇到经典片段可以引导学生唱出来，由此加深学生对音乐的理解。

赛马

（二胡独奏）

黄海怀 曲

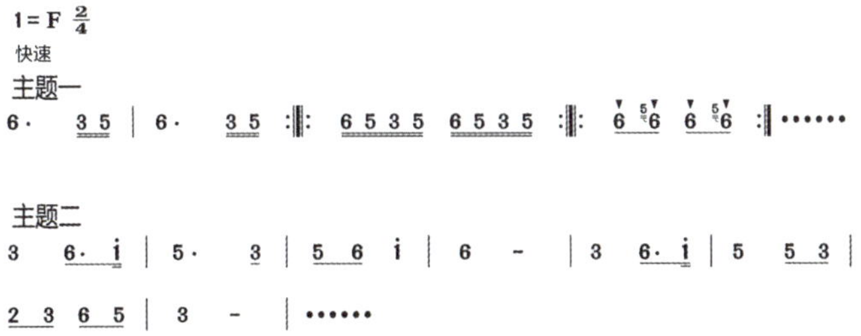

1＝F $\frac{2}{4}$

快速

主题一

6· 3 5 | 6· 3 5 :‖: 6 5 3 5 6 5 3 5 :‖: 6 6 6 6 :|……

主题二

3 6· i | 5· 3 | 5 6 i | 6 － | 3 6· i | 5 5 3 |

2 3 6 5 | 3 － | ……

图 8-2 《赛马》谱例

（一）主题名称：《赛马》

接力出版社《四年级：上册》第三单元第三课“欣赏”。

（二）教学内容分析

《赛马》是黄海怀先生根据蒙古民歌《红旗歌》为原型创作的一首二胡独奏曲。乐曲让学生感受了蒙古族人民在欢度节日、举行赛马盛会时热闹而欢快的场景，同时让学生认识民族乐器二胡，感受其独特的音色和丰富的表现力。通过探索和体验小骑手、小乐手等多种趣味音乐练习，使学生在欣赏民族音乐时以兴趣为出发点，乐学、好学，轻松而愉快地欣赏全曲。

（三）学情分析

小学生的思维以形象思维为主，有好奇、好动、模仿力强的特点。结合他们的自然嗓音和灵巧形体，教师采用歌、舞、演奏体验等相结合的手段进行直观教学，让学生们反复聆听，加上肢体体验节奏，结合演唱实践活动，合理有效地进行欣赏环节，让学生轻松地接受知识并乐于参与整堂课的所有音乐活动。

（四）教学目标

审美感知：初步认识我国民族乐器——二胡，通过欣赏音乐、理解音乐，提高对音乐的鉴赏能力、审美能力。

艺术表现：通过乐曲欣赏，能熟练哼唱第二乐段的主题旋律；了解乐曲的三段体结构，知道三段体结构的音乐特点。

创意实践：引导学生在“体验、探究、模仿”等音乐实践活动中，感受乐曲欢快、激烈的情绪，使学生积极参与各种听赏活动，并从中体验到快乐。

笔记栏

文化理解：在欣赏中感受热烈、欢腾的赛马场面及蒙古族人民勇敢、豪迈的性格。

（五）教学重点

分段欣赏二胡曲《赛马》，了解乐曲结构，感受乐曲情绪，并能积极参与表现音乐。

（六）教学难点

能哼唱第二乐段的主题旋律，并听辨出三个乐段。

（七）教学准备

二胡、钢琴、蒙古舞道具筷子、课件。

（八）教学过程

1. 初识全曲，兴趣引导学习

（1）用《敕勒歌》导入，教师随伴奏音乐演奏《赛马》。

（2）介绍“男儿三艺”，学生选择音乐合适的比赛项目，导出课题《赛马》。

师：“作为马背上的民族，蒙古族的孩子从小就要学习传统的“男儿三艺”——摔跤、赛马、射箭。老师演奏的这段乐曲，你们觉得适合表现“男儿三艺”的哪项比赛呢？”

（3）完整欣赏全曲，思索设计问题。

观看赛马视频，完整欣赏全曲，请同学们来当小老师，从情绪、速度方面进行思考，设计自己想要提出的问题。

（4）小老师提问，教师总结，完整介绍乐曲。

这首乐曲的情绪是“欢快、热烈、奔放的”，速度是“快速”。《赛马》这首乐曲是黄海怀创作的一首二胡独奏曲，描绘了蒙古族牧民在节日里赛马的激烈场面。

设计意图：运用熟悉的《敕勒歌》导入课堂，让学生从情景进入音乐，为欣赏、学习赛马环节做好铺垫。在教师现场演奏二胡和播放大草原赛马视频的巧妙引导下，激起学生的兴趣，初步了解全曲。

2. 第一乐段（体验小骑手）

（1）初听第一乐段，介绍此时场景（你追我赶的激烈场景）。

（2）学习骑马的几个动作：骑马、扬鞭加速、挥鞭（高兴、自信）、拍马头（鼓励小马）。请学生跟教师模仿赛手们骑马的动作：

①双手交叉，马儿跑起来（骑马动作）。

②让马加速，需要骑马的必备工具“马鞭”（扬鞭动作）。

③用马鞭在头顶画大圈表示很高兴；在身旁画小圈表示美滋滋的（挥鞭动作）。

笔记栏

④小马跑得真好，我们鼓励鼓励它，拍拍它的头（拍马头动作）。

（3）教师随音乐做赛马的动作，当用鞭加速时，学生击掌为清脆的马鞭声配音。

（4）跟随音乐，自己给自己配音，师生共同赛马律动（扬鞭时用“驾”配音）。

（5）根据律动，教师带学生一起随音乐画旋律线。

师：“这套动作如果画出来的话，就是第一乐段的旋律线，请跟着老师一起来试一试吧！”

（6）让学生自己看着特色旋律线做动作，教师为马鞭声和马蹄声配音。

（7）从画出的旋律线总结出第一乐段力度：有强有弱。

师：“从旋律线看，第一乐段的力度是弱？是强？还是有强有弱呢？”

设计意图：通过模仿骑手的骑马、挥鞭等肢体动作，结合马鞭声与马蹄声的配音，将肢体体验与节奏特点有效地融合，轻松地对乐曲力度进行感受。

3. 第二乐段（用歌声感受主旋律的情绪，加上小乐手的演奏体验）

（1）出示第二乐段乐谱，听赏第二乐段。

（2）问学生听完这段音乐后的心情，并讲解作曲家此时想让我们体会到的意境。同样的一段音乐，每个人的感受是不同的，其实作曲家此时是想让大家体会到骑手们“骑着马儿把歌唱”的喜悦心情。

（3）主题旋律学习：第二乐段出现了乐曲的主旋律。

（4）出示主旋律，用钢琴弹唱一遍。

（5）调整呼吸，想象身临其境去闻草香，用“lu”模唱。

（6）师生一起视唱主旋律。

（7）教师唱前两小节，学生接唱后两小节。

（8）教师用“天苍苍，野茫茫”填词演唱，学生随教师用“风吹草低见牛羊”接唱。

（9）用快速来演唱填入歌词的主旋律，告诉学生现在是赛马时，演唱速度应该快些。

（10）教师用二胡演奏。

（11）介绍二胡。

师：“我们的民族乐器二胡已有一千多年的历史，它是由琴筒、琴杆、琴弦、琴弓等部分组成的。”

（12）教师演奏二胡，让学生体会到二胡丰富的表现力。

师：“二胡虽然只有两根弦，但是它的表现力非常丰富，能演奏出各种效果。”

举例：《二泉映月》的一乐句感受是“悲伤的”；《茉莉花》的一乐句感受是“优美的”；模仿演奏出小猫“喵”的叫声。

（13）教师用二胡跟伴奏音乐演奏第二乐段，让学生从视觉和听觉上体验演奏技巧的多样性，导入下一环节演奏方法的学习。

笔记栏

（14）学习三种演奏方法：连弓、顿弓、拨弦，引出主旋律、变奏一、变奏二，让大家体验小乐手的演奏乐趣。

首先学的是舒展的长弓（让学生模仿舒展的拉弓）；接着是短促的顿弓（让学生模仿一顿一顿、短小有力的效果）；最后是拨弦（找个别学生直接用手指在老师的琴弦上拨动声响，再找一位学生和老师现场配合演奏出拨弦部分）。

（15）总结：第一遍用连弓、第二遍用顿弓、第三遍用拨奏，同时展示出总结表格。

师生总结：第一遍用长弓演奏了主旋律；第二遍用顿弓将主旋律进行变奏；第三遍用拨弦为主旋律伴奏。

（16）跟随音乐，模仿二胡的三种演奏方法（找三位小乐手作为领奏）。

（17）跟随第二段音乐，师生共同模仿二胡的三种演奏方法（加上道具）。

设计意图：通过层层递进的音乐练习，用歌声记住主旋律。一直贯穿赛马场上骑手和乐队乐手的角色，激发学生们的学习兴趣，让他们体验到乐队中乐手演奏的状态，并享受到民族乐器的魅力所带来的乐趣，使学生初步建立起欣赏中对节奏、音准及听音的意识，为扎实的欣赏学习打好基础。“小乐手”的角色，吸引了学生的好奇心和注意力，让他们不仅学习到了二胡不同的演奏技巧，而且轻松地区分了主题与变奏。

4. 第三乐段（用节奏体验乐曲的再现，化身啦啦队员，敲击节奏型，把作品推向最后的高潮）

师：“马上就要到终点了，骑手们鼓足了劲准备冲刺了！”

（1）聆听最后一段，让学生分辨此段音乐旋律和前两段的哪一段相似。

（2）总结：“这就是音乐中常见的ABA结构。”

（3）师生共同扮演啦啦队，用舞蹈道具筷子跟着教师的节奏一起来敲击（最后结束句提示：由弱渐强）。

设计意图：运用身体声响和蒙古舞筷子为乐曲敲击节奏作为伴奏，让学生了解可以用多种途径表现同一首乐曲，重视音乐实践中的创造活动，充分开启学生的想象力和创造力。

5. 完整欣赏作品，并用这节课学到的多种音乐形式表现作品

（1）现场版，小小艺术家表演完整乐曲。

结合每个乐段的学习，学生们来做小艺术家，用不同的形式表演《赛马》整首乐曲。

（2）拓展，欣赏在维也纳金色大厅的《赛马》演奏视频。

师：“民族的就是世界的，而音乐是无国界的，下面我们一起走进维也纳金色大厅，欣赏由中国的二胡演奏家和外国的交响乐团共同演奏的《赛马》。”

6. 总结

师："今天我们走进了美丽的大草原，感受了赛马场上激烈、紧张的热闹场景，认识了民族乐器二胡的独特魅力，希望今后同学们学习和发扬勇往直前、奋力拼搏的精神，像骏马一样驰骋天下！"

设计意图：音乐是一门听觉的艺术，教师应时刻培养学生听的习惯。运用体态语言、不同乐器合作推出的音色表现以及师生乐曲情感的碰撞，让学生感受到不同的韵味，从愉快的音乐合作中鼓励孩子们学会寻找、发现音乐的乐趣。

三、小学音乐"活动"课型教学设计案例

小学音乐"活动"课型比较特殊，它是"唱歌""听赏"这两类课型的延伸和补充，使学生的音乐创造思维更加活跃。这种类型的课堂更多地把活动的主动权交给学生，进一步提高学生感受美、欣赏美、创造美的能力。开展音乐活动课要注重学生的团队协作能力，这样更有利于培养学生的音乐创新能力和综合素质。

（一）主题名称：《七个小伙伴》

接力出版社《二年级：下册》第三单元"活动"。

（二）教学内容分析

本课内容是五个小伙伴（音符娃娃）欢迎新来的两个小伙伴，寓意在已学知识五声音阶的基础上，学习两个新的唱名，初步认识高音点和低音点。在教学中可以设计各种方法对已学知识进行复习和巩固，并注意新学知识"4""7"两个音的位置和音高。通过多听、多唱加以巩固七声音阶概念。

（三）学情分析

二年级学生的表现欲强，在学习过程中积极、努力，在唱歌的姿势上，习惯较好，而且表情也较丰富，能根据歌曲情绪进行表达并参与表演。但二年级学生自我约束力差，注意力集中时间不长。经过一年级的学习，学生们对音乐课都有喜爱之心，如果单纯地讲述音乐课的知识，学生就容易对音乐学习失去兴趣。针对学生的年龄特点，教法可采用情景法、示范法、听唱法、游戏法，学法以体验感受、唱唱跳跳为主。

（四）教学目标

审美感知：通过积极参与音乐游戏，获得愉快的课堂经历；通过集体完成的各项活动，学会团结互助，培养倾听的好习惯。

艺术表现：通过音乐活动，初步感受和认识七声音阶和唱名；在巩固七声音阶概念的基础上认识高音和低音，并能模唱。

创意实践：通过请出新朋友、认识新朋友、老朋友和新朋友打招呼，复习"1、

笔记栏

2、3、5、6”的音高和唱名，找到“4”和“7”的位置，用律动教学、唱名接龙的游戏环节、层层递进的故事情节让学生认识七个音符的音高位置以及唱名。

文化理解：活动过程中，理解简谱中七个基本音以及它们之间的高低关系。

（五）教学重点

认识并掌握七个基本唱名“do、re、mi、fa、sol、la、si”以及对应的“1、2、3、4、5、6、7”七个音符。

（六）教学难点

准确唱出七个音符的唱名。

（七）教学过程

1. 导入（欢迎老朋友）

（1）师生问好，组织教学。

（2）复习歌曲《五只小铃铛》。

（3）欢迎在上学期课本里认识的1（do）、2（re）、3（mi）、5（sol）、6（la）五个好伙伴。

（4）请学生帮助五个小伙伴找到自己的位置，站到相应的阶梯上，全班听音检验正误。

（5）复习上个学期的课本里由五个好伙伴组成的歌曲《五只小铃铛》。

2. 新课教学（认识新朋友）

（1）欢迎两个新朋友的加入。

（2）教师弹琴说唱名：4（fa）、7（si），请学生唱出新伙伴的名字。

（3）音程练习：五个好伙伴跟两个新朋友打招呼，如唱“1（do）4（fa）”——“你好”。

（4）考考谁的耳朵最灵敏，听教师弹音阶，帮助新来的两个小伙伴站到自己的位置上。

（5）七个小伙伴们都来齐了，跟大家打招呼。

3. 七个小伙伴的高和低（律动教学）

（1）师：“我们的七个小伙伴有高有低，我们来认识一下小伙伴的高和低吧。”师生律动。

（2）前奏音乐：端正坐在椅子上，头随音乐左右两拍一换边。

（3）歌曲部分：

一二拍伸左手，食指朝前，往下指脚的位置，三四拍伸出右手，食指朝前，往下指脚趾位置，左手位置保持不动，五六七八拍身子往前倾斜，每一拍双手拍自己双脚一下。

笔记栏

二二拍左手扶在左膝盖处，三四拍右手扶在右膝盖处，五六七八拍一起拍四下。

三二拍左手拍在左大腿处，三四拍右手拍在右大腿处，五六七八拍一起拍四下。

四二拍左手叉腰，三四拍右手叉腰，五六七八拍双手一起碰腰四下。

五二拍伸出左手，三四拍伸出右手，五六七八拍双手拍四下。

六二拍左手拍左肩膀，三四拍右手拍右肩膀，五六七八拍双手一起拍四下。

七二拍左手摸脑，三四拍右手摸脑，五六七八拍双手一起摸四下。

八二拍左手举高，三四拍右手举高，五六七八拍左右摆动两次。

结束句，一二三四拍从脚的位置拍手到头顶位置，五六七八拍再从头顶位置拍到脚下位置。

4. 准确认识小伙伴

（1）制定游戏规则及参与者。

请七位同学来扮演七个小伙伴并找到自己的位置（贴有唱名的凳子），游戏规则：教师唱到哪个小伙伴的名字，他就要快速地站起来。其他同学做小评委。

（2）增加游戏难度。

游戏规则：教师出示小伙伴的名字卡片，请全班同学唱出他的名字，唱到名字的小伙伴请快速起立。

（3）音乐小知识。

课件播放敲门声。师：“咦？是谁在敲门？看看还有谁想加入我们的队伍。”神秘来宾 $\dot{1}$ 出现：“猜猜我是谁变的？”请学生仔细观察神秘来宾是谁变的。

师生交流，得出结论：是“1”变的。师：“1 头上的这顶小帽子在音乐里我们用小圆点‘·’来表示。”弹唱音高让学生分辨高低。

总结知识点：小圆点是高音点也是低音点，放在小伙伴的头上就表示高音，放在脚下就表示低音。

第二节 小学音乐说课案例

通过数据、网络查阅相关资料，请你简单概括教案和说课稿的区别。

笔记栏

“说课”与“试讲”有什么区别?

说课就是授课教师通过口语表达其选定课题的备课思路、教学设想以及设计依据，也就是授课教师在备好课的基础上，面对同行或者教研人员，讲述自己的教学设计。说课和试讲这两种形式很容易被人混为一谈。试讲就像平时上课一样，即教室内没有学生，只有评委，要把他们当学生，模拟给他们上课。说课的形式不像上课，注重对这节课的教学设计进行“说明”，从这个角度理解，就能很好区分。

说课稿和教案有着紧密的关系，说课稿基本上是在教案的基础上形成的。但说课稿并不是复述教案的过程。举个简单的例子，教案只说“怎么教”，而说课稿注重诠释“为什么这样教”。在说课过程中，说课者要注意语速不能过快，吐字要清晰，语调的变化尽量做到连贯、流畅无误。

一、小学音乐“唱歌”课型说课案例

木瓜恰恰恰

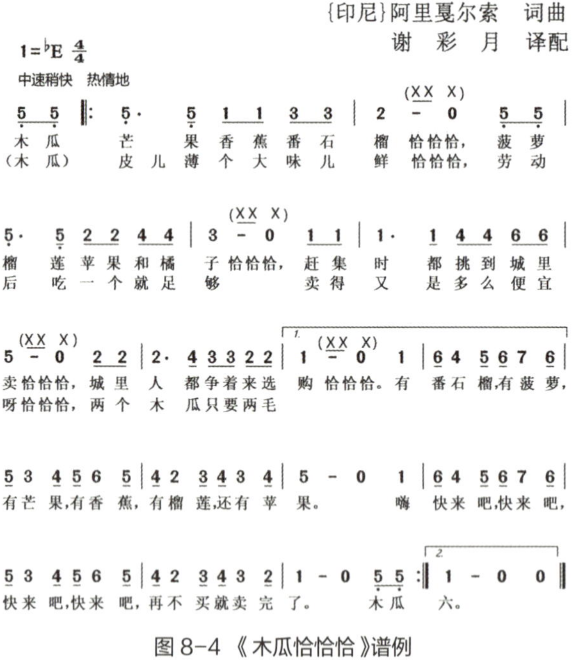

图 8-4 《木瓜恰恰恰》谱例

各位领导、老师们，大家好。我是来自XX学校的音乐老师XX。我今天说课的题目是《木瓜恰恰恰》。音乐课程标准指出，要增进学生对世界音乐文化丰富性和多样性的认识和理解。基于这个标准，我将从教材分析、学情分析、教学目标、教学重难点、教学过程几个方面来进行我的说课。

笔记栏

（一）教材分析

首先是教材分析。《木瓜恰恰恰》选自人民教育出版社四年级下册第四单元“环球采风”中的一课。它是印尼一首以叫卖水果为主题的歌曲。该曲热情欢快，以三段体的结构出现。最具特色的是第一段、第三段的每句尾出现的“恰恰恰”节奏，使歌曲不仅具有印尼歌曲的特点，又有拉丁舞曲奔放的风格。

（二）学情分析

四年级的学生大脑发育刚好处于内部结构和功能完善的关键期，是培养学习能力、情绪能力、意志能力和学习习惯的最佳时期，其思维从过去的笼统印象变为具体的分析，偏重对自己喜欢的事物进行分析。

（三）教学目标

鉴于以上情况，我制定了以下教学目标。

审美感知：感受印尼叫卖歌曲欢快情绪和喜悦心情，理解与感受异国音乐的风情。

艺术表现：能够熟悉歌曲，准确把握歌曲的节奏型。

创意实践：运用聆听、模唱学习歌曲，运用小组探究、小组合作的形式进行歌曲编创。

文化理解：在学习演唱中感受印尼热闹的水果集市场面，并体验对劳动人民抒发的赞美之情。

（四）教学重点

本节课的教学重点是能用热情欢快的声音演唱《木瓜恰恰恰》，感受歌曲的欢快情绪。

（五）教学难点

这首歌曲的切分节奏比较长，且紧密，因此教学难点是熟练、准确地演唱歌曲的切分节奏。

（六）教学过程

接下来我说一说实施阶段：教学过程。

1. 导入

为了激发学生听课的兴趣，我不仅采用了情境导入法，还将导入与发声融合在一起。师生问好后，我扮演起小贩，进行吆喝买卖。演完后问：“同学们，老师在干什么？”孩子们都异口同声说：“李老师在卖东西。”“同学们，李老师想把远处的顾客吸引来，你们有什么办法吗？”这个时候，学生都纷纷帮忙吆喝起来：“快来呀！”我在此时就带领他们用歌唱的声音，加入切分音节奏进行发声练习：“快来吧！让我们初步

笔记栏

感受连续切分音的急迫感。”在声音状态良好的情况下，进行升调练习。

2. 新课教学

（1）认识印尼

在完成激趣导入及发声练习后，引出本节课的课题：“同学们，众所周知，南宁作为东盟博览会的永久举办地，每年都有东盟国家的商人在会展中心叫卖东西。李老师今年也去到展厅参观了，你们看，今年东盟主题国印尼的商人唱着叫卖歌曲，带着他们的水果来到我们的展厅啦。”这时，我通过课件讲解地理知识，让学生初步感受印尼的异国风情。

（2）歌曲初听

了解完印尼的常识后，就印尼展厅叫卖歌曲引出本课课题，板书《木瓜恰恰恰》。提出问题让学生初听：“歌曲讲述了什么，给你带来了什么感受？老师在哪个地方用沙锤加了节奏？”学生都能回答出来，而且对沙锤加的节奏“恰恰恰”很感兴趣，于是我向他们介绍恰恰舞的背景。

（3）歌曲复听

复听分析是有别于初听的感性印象分析，所以我加深难度提问：“歌曲根据不同的节奏型，可以分成几个部分呢？”学生按照节奏型分出三段后，我引导学生总结出歌曲的三段内容。

（4）学唱第一段

根据同学们分出的三个部分，首先对第一个部分进行学习，分部分学习能让学生对段落间歌唱情绪的处理有进一步理解。“印尼的水果真多呀！他们真自豪！请同学们和老师一起感受他们的自豪。”

这个时候，我和同学们进行节奏读歌词接龙。读完第一遍后，告诉他们哪些是弱起小节，并出示节奏的强弱关系，然后提出第二次的节奏读词必须注意强弱关系。

当学生对节奏型有了进一步了解后，他们就可以用“lɑ”进行歌曲旋律模唱。

当音准、节奏没有问题的时候，学生可以填词演唱。

（5）学唱第二段

由于这节课的难点是熟练、准确地演唱歌曲的切分节奏，所以我向学生提问：“印尼商人的水果真多！这么多的水果要卖不出去，他们急不急啊？第二部分哪个地方的歌词能看出来他们的情绪？

①感受切分节奏

学生回答后，我就引导学生把四次出现的句子“快来吧”单独拿出来练习，引出知识点“切分音”，让学生感受切分音的时值关系、强弱关系，在学生掌握之后，把其他的句子也按节奏读一遍。

②用“lɑ”模唱

节奏没有问题后，用“lɑ”来模唱，当他们音准、节奏都没有问题后就填词演唱。

笔记栏

③填词演唱

由于第二部分都是切分音节奏，要解决本节课的难点，填词演唱时我提出了三点要求：牢记重音位置；带感情去叙述内容；注意呼吸的协调。

（6）学唱第三段

因为第三段和第一段的音符和节奏是一样的，第二段教学完成，我便让学生直接演唱第三段。

（7）初次演唱

歌曲已经完成分段学习，我让学生带着分段学习时提出的要求完整演唱一遍。演唱完我让学生发言，对这次演唱进行点评并提出问题，最后学生讨论如何解决问题。

（8）再次演唱

学生发言完毕，再次演唱并进行实时检测。

3. 拓展与小结

小学音乐教学要将拓展环节多元化，这是因为多元化的拓展更能培养小学生的综合能力。所以这节课我围绕课题进行填词RAP、集体舞两个方面拓展。

（1）认识印尼水果特产

首先，我向同学提问："刚才你们叫卖得真棒，印尼小伙伴的水果大卖了，那他们当地还有什么水果呢？"学生回答，我用课件补充。接下来让学生把这些水果按照《木瓜恰恰恰》第一段的节奏型排列起来，合上RAP鼓点来一遍。

（2）集体舞

"我们有水果，有叫卖声还不够吸引人，我们还可以加上集体舞吸引顾客呀！"学生在我的带领下，学习三个简单动作。这个时候，把填词RAP和集体舞融合到这个拓展环节的音乐中。整个拓展环节，学生积极、活跃，达到了拓展设计预期效果。

（3）小结

良好的开端是成功的一半，那么良好的课堂教学小结可再次激起学生思维的高潮。首先，我对本节课学习内容进行小结，给学生一个完整的轮廓；其次，我提出让学生们多关注我们广西的各种文化和新发展、新变化。

各位领导、老师们，我的说课到此结束，恳请各位给我提出宝贵意见。谢谢大家！

笔记栏

二、小学音乐“听赏”课型说课案例

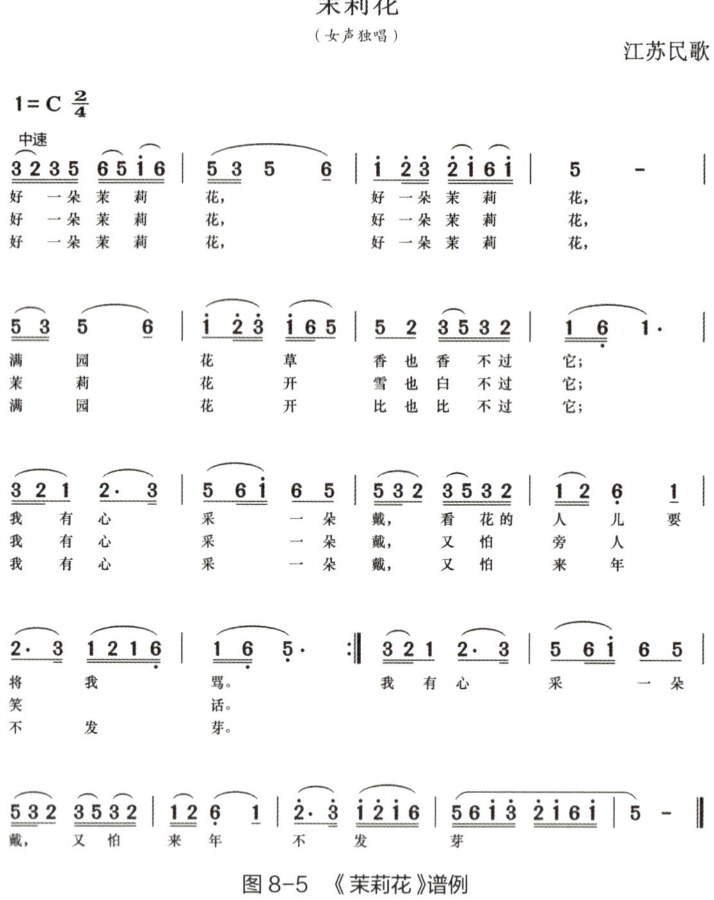

图8-5 《茉莉花》谱例

各位领导、老师们，大家好。我是来自XX学校的音乐老师XX。我今天说课的曲目是《茉莉花》。在音乐课程标准的指导下，我们应紧扣音乐课程的基本理念，注重音乐学科的核心素养，从体验、模仿、探究、合作等多方面完成学段目标，又从课程内容中层层渗透出感受与欣赏、表现及创造等多项活动，让孩子们真正愉快地学习音乐、欣赏音乐，感受民族音乐的魅力。以音乐为本，以学生为本，全面实现课程价值和课程目标，基于这个标准，我将从教材分析、设计意图、教学目标、教学重难点、教学设计等几个方面来进行我的说课。

（一）教材分析

《茉莉花》是我国民歌中最艳丽的一朵奇葩。她以其委婉流畅、细腻优美而深入人心，不仅成为江南民歌的代表，而且走出国门，深受外国人喜爱，因而成为中华民族音乐文化的代表之一。从学情上看，学生对《茉莉花》已相当熟悉，为了使《茉莉花》散发新的活力和魅力，本课我不单单停留在这一首歌的教学上，而是以

“茉莉花”为主题，增加了东北民歌《茉莉花》等内容。通过欣赏这些艺术作品，加深学生对《茉莉花》及民歌特点的认识，从中感受美、发现美、创造美。

（二）设计意图

音乐教育家柯达伊曾说：“民歌是民族的产物，它的创造永远都不会达到止境，在它的任何阶段中，它总同时寄托在很多形式里。”结合《义务教育艺术课程标准（2022年版）》提出的精神，要体现以音乐审美为核心，形成良好的人文素养，为学生终身喜爱音乐、学习音乐、享受音乐奠定良好的基础，所以，在整个教学设计中，我始终以“茉莉花”为主线，创设情境，循序渐进地引导学生，让学生在轻松愉悦的氛围中接受音乐美的熏陶，获得审美愉悦。

（三）教学目标

根据教材内容和学情，我确定本课的教学目标如下。

审美感知：通过欣赏，激发学生欣赏民歌的兴趣，促使学生热爱民族文化，增强民族自豪感。

艺术表现：通过欣赏，能够对民歌产生兴趣，并乐于参与表现音乐、创造音乐的活动，理解并掌握中国传统民族五声调式的特性；理解调式、节奏、速度等不同的音乐基本要素对音乐表现产生的影响。

创意实践：通过演唱、听赏等活动感受不同版本的《茉莉花》，能用对比的方法对民歌的风格特点进行初步的评价。

文化理解：感受江南音乐的独特韵味。

（四）教学重难点

基于以上教学目标，我把教学的重点放在对以“茉莉花”为主题的不同艺术作品的感受、比较、分析上，把教学难点定为民族、民间音乐的流传与当地文化、环境、语言的密切联系，以及音乐作品共性与个性的把握。

（五）教法

运用多媒体，强化音乐教学的形象性、直观性，综合运用启发教学、情境教学、比较、分析讨论等教学方法。

（六）学法

“教法为学法导航，学法是教法的缩影”，本节课的学习采用小组合作、情境练习、讨论创作、比较归纳等方法，多以“欣赏—讨论—小结”的方式参与学习。

（七）教学过程

音乐课程标准的基本理念指出音乐教学要以音乐审美为核心，音乐对人情感的

笔记栏

陶冶是一种潜移默化的渗透过程，它主要作用于人的情感。我通过情景创设、学唱歌曲、欣赏其他演奏版本、人文知识学习、欣赏不同地方色彩的《茉莉花》、主题深化、全课小结等环节加强对学生情感、审美情趣的培养。

1. 情景创设，激发兴趣

在组织教学中，教师要在课前做一些准备工作，让学生听着歌曲伴奏，迈着整齐的步伐走进教室，让学生在课前就进入音乐氛围，通过伴奏对音乐有一种初步印象，并以背景音乐的形式让学生接触学唱歌曲的旋律。

2. 学唱歌曲

新课教学贯彻循序渐进的原则，分三个环节。引导学生充分感受歌曲《茉莉花》。

（1）第一环节：揭示课题

用歌剧《图兰朵》的音乐片段来揭示课题。意大利作曲家普契尼在创作这部歌剧时引用了《茉莉花》的音调，让学生感受《茉莉花》在国际舞台上的魅力，激发学生的自豪感和学习兴趣，在浓厚的音乐氛围中导入新课。

（2）第二环节：听赏、学唱歌曲《茉莉花》

师："歌曲的旋律像清风一样送来了茉莉花的清香。下面请同学们仔细地欣赏这首中国民歌《茉莉花》，说说歌曲旋律给你带来了怎样的感受？"欣赏江苏民歌《茉莉花》，感受歌曲的旋律并学唱歌曲的旋律，让学生带着问题去聆听，吸引学生的注意力，也调动学生聆听歌曲、学习歌曲的欲望，为后面的学习打下基础。

3. 其他演奏版本的聆听

欣赏其他乐器版本的《茉莉花》，然后我说："同学们，音乐家创作了这么优美的音乐，你们也想从指尖流淌出这样优美的音乐吗？我请同学来试试。"利用MIDI软件让学生选择自己喜欢的乐器音色来演奏，激发学生欣赏这首歌曲的兴趣，同时也让学生多次感受到音乐的魅力，感受茉莉花的美丽。在通过聆听多种乐器版本的《茉莉花》之后，学生的创作欲望已经完全被激发出来，然后让学生去创作，将乐曲改变速度进行演唱，积极调动学生的主动性、自觉性，培养他们即兴表演的能力。孩子们体会到无限的乐趣，创新意识在脑中逐渐生成，创作热情高涨。当他们再次演唱歌曲时，自然会声情并茂、有声有色，因为音乐已经融入他们，美已经深入人心。

4. 人文知识学习

本环节让学生了解《茉莉花》的历史（背景音乐《茉莉花》伴奏），通过让学生自己去寻找，老师补充，增加了学生的知识，同时教育学生要主动努力地去寻找，会学得很多，有更大的收获。

笔记栏

5. 欣赏不同地方色彩的《茉莉花》

俗话说，一方水土养一方人。音乐也一样，音乐如果融合了当地的文化，它就能在那里扎根，并具有那里的地方特色。因此，让学生欣赏江苏和东北的《茉莉花》，然后说说它们的特点和不同，运用对比的方法，启发学生欣赏—讨论—小结，使他们的思维从直观的音乐感受上升到抽象的理解，知道民族、民间音乐的流传与当地的文化、环境、语言是密切相关的，以开阔音乐视野。在此环节还能让学生了解听懂音乐、享受音乐的方法。

6. 主题深化

通过聆听、欣赏、学唱，学生明白了《茉莉花》不单单是一首歌曲，而是中国音乐文化的代表，中国人都以《茉莉花》的旋律来展示和平、友爱、发展的精神面貌，知道茉莉花的非凡意义。

7. 小结

对本节课知识点进行梳理，并回顾学习内容。最后在生生探讨后结束本节课。

在整个教学设计中，力求体现以学生为本的思想，着眼于学生的个性化发展，从目标的提出到过程的安排、学习方法的确定，乃至学习成果的呈现，都让学生有更大的自主性、更多的实践性，同时也受到了美的熏陶。

三、小学音乐“活动”课型说课案例

大家好！我今天说课的题目是《中国人民解放军进行曲》。我将以教什么、怎么教、为什么这么教为思路，从教材分析、学情分析、教学目标、教学重难点、教学过程几方面来进行阐述。

（一）教材分析

本课选自接力出版社《五年级：上册》第二单元，类型是活动课。《中国人民解放军进行曲》原名为《八路军进行曲》，由公木作词，郑律成作曲。该曲创作于1939年，解放战争时期更名为《人民解放军进行曲》。1988年7月25日，中国共产党中央军事委员会确定该曲为中国人民解放军军歌。

（二）学情分析

学生是学习的主体，了解学生是我开展教学工作的前提。随着年龄的增长，五年级学生认知领域扩展，自主意识不断增强，体验、感受与探索的能力增强，我们应利用生动活泼、富于魅力的形式，鼓励他们参与到音乐活动中，以此激发、培养他们的兴趣。

（三）教学目标

鉴于以上情况，我确定了本节课的教学目标。

笔记栏

审美感知：通过欣赏，使学生树立对解放军的崇敬之情，并增强民族自豪感。

艺术表现：通过欣赏，使学生了解进行曲在节拍、速度、情绪、节奏、结构上的主要特点，并用豪迈坚定的声音演唱歌曲。

创意实践：通过欣赏，使学生了解此曲中的附点节奏、切分节奏以及休止符的运用，用声势律动的形式，让学生进一步感受此曲雄壮有力的氛围，表现军人坚韧不拔，勇往直前的特点。

文化理解：通过对歌曲的学习，了解歌曲的创作背景，感受歌曲带来的震撼，让同学们明白中国人民解放军的军事风格和行军作风。

中国人民解放军进行曲

公　木　词
郑律成　曲

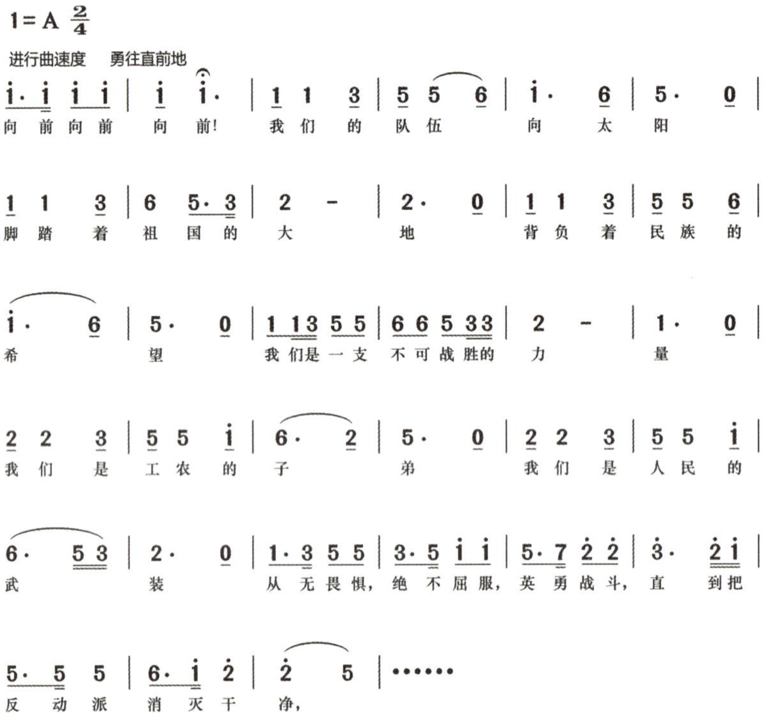

1=A 2/4
进行曲速度　勇往直前地

1̇·1̇ 1̇1̇ | 1̇ 1̇· | 11 3 | 55 6 | 1̇· 6 | 5· 0 |
向前向前 向 前！ 我们 的 队伍 向 太 阳

11 3 | 6 5·3 | 2 - | 2· 0 | 11 3 | 55 6 |
脚踏 着 祖 国的 大 地 背负 着 民族 的

1̇· 6 | 5· 0 | 1135 5 | 665 33 | 2 - | 1· 0 |
希 望 我们是一支 不可战胜的 力 量

22 3 | 55 1̇ | 6· 2 | 5· 0 | 22 3 | 55 1̇ |
我们 是 工农 的 子 弟 我们 是 人民 的

6· 53 | 2· 0 | 1·3 55 | 3·5 1̇1̇ | 5·7 2̇2̇ | 3̇· 2̇1̇ |
武 装 从无畏惧， 绝不屈服， 英勇战斗， 直 到把

5·5 5 | 6·1̇ 2̇ | 2̇ 5 | ······
反动 派 消灭 干 净，

图8-6《中国人民解放军进行曲》谱例

（四）教学重点

通过欣赏《中国人民解放军进行曲》，感受旋律中的同音重复、旋律的重复与变化重复的创作手法的运用，了解进行曲在节拍、速度、情绪、节奏、结构上的主要特点。

笔记栏

（五）教学难点

通过欣赏《中国人民解放军进行曲》，感受此曲中休止符运用的妙处。

（六）教学过程

课前的充分准备，有利于教学活动顺利开展。因此，课前我会提前准备好多媒体设备、钢琴、录音机等作为教学用具。接下来，我说一说教学过程。

首先，在上课铃声响之前，我将提前播放《中国人民解放军进行曲》，让学生跟随音乐进入教室，走到自己位置后原地踏步，然后进行师生问好。

1. 导入

课前，随着音乐踏步，让学生初步了解进行曲的节奏，接着，我设计了音乐律动的游戏，播放歌曲《春江花月夜》，让最后一排的同学走到第一排，并提问哪首乐曲更适合我们行进。学生将回答第一首，因为曲风激昂、节奏鲜明。此时我将引出歌曲类型“进行曲”，并出示课题（板书）。

2. 新课教学

（1）了解适合进行曲播放的场合及创作背景

首先我将播放国庆阅兵式的视频，让学生通过视觉和听觉，进一步感受进行曲的音乐特点，并问学生观看后的感受。接着抛出乐曲的创作背景是 1939 年，公木作词，郑律成作曲，解放战争时期更名为《人民解放军进行曲》。1988 年 7 月 25日，中国共产党中央军事委员会确定该曲为中国人民解放军军歌。

（2）对比歌曲速度

介绍完创作背景后，我将问学生，为什么这首乐曲能够营造震撼激昂的情绪和感觉？学生此时会回答不出，我将用钢琴弹奏歌曲旋律。第一段速度是较慢的，第二段是原速度，第三段变成四三拍的节奏，让学生对比聆听，感受进行曲的速度、节拍、节奏特点。

（3）了解乐曲的演奏方式

同一首乐曲运用的演奏方式不同，会产生不同的效果。我播放军乐队现场演奏此乐曲的视频，问学生看到了几类乐器，以此解说管乐队与管弦乐队的区别。

（4）音乐表现

通过刚才的欣赏，学生已经了解到乐曲基本的特点，接着我将带领学生进行演唱，并提醒学生用英勇无畏、势不可挡的气势演唱，在唱不对的地方及时纠正，并提醒学生注意乐曲中出现的休止符等音乐记号的演唱方式。

3. 拓展

在拓展环节，我将带领学生用声势律动的方式对歌曲进行伴奏，创造出连续上升的气势，并提醒学生除了用手，还能用脚来伴奏，做到整齐、有力，展现战士们

笔记栏

英勇的气势。最后全体起立，在原地进行表演。

4. 小结

临近下课，我会带领学生回顾课上所学的内容，告诉学生如今我们的幸福生活是先辈用血肉铸造出来的，作为新时代少先队员，要热爱祖国、热爱人民、热爱中国共产党，树立远大理想，勤奋学习知识，努力成长为能够担当民族复兴大任的时代新人。

我的说课到此结束，谢谢大家！

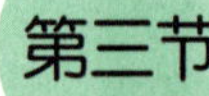 小学音乐评课案例

请你观看一节音乐优质课评课视频，把专家对该节课围绕教学目标、解决重难点的意见记录下来。

评课可以围绕哪些因素分析？

评课是对照预设的教学目标，对授课者的课堂教学作出分析和评估。它是我们在课堂教学以及教研工作中经常开展的一项活动，有利于提升教育教学水平。评课过程中，我们不能依据自己的喜好来判定一节课，而是应该从教学目标、教材处理、教学程序、教学方法和手段、教师教学基本功、教学效果和学生反馈等方面进行综合评价。

笔记栏

一、小学音乐“唱歌”课型评课案例

升旗

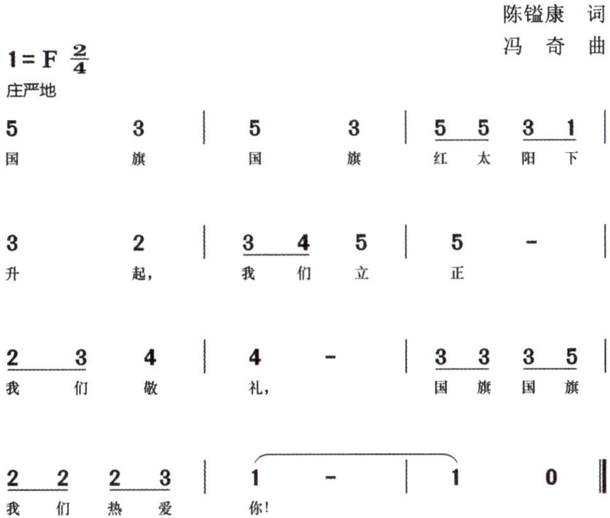

图 8-7 《升旗》谱例

下表是《升旗》公开课观课议课研讨记录。

表 8-1 《升旗》公开课观课议课研讨记录

活动时间	20XX 年 XX 月 XX 日	活动地点	阶梯教室
主持人	A	记录人	C
出席教师	A B C D		
研讨主题	B 老师公开课课题《升旗》		
研讨内容	**教学过程** （一）导入 节奏热身（声势律动）。 师：“各位同学好，很高兴今天大家一起学习。上课前，我们先来玩个节奏热身，大家准备好了吗？” 播放《布谷鸟》节奏视频，教师跟着学生一起做节奏动作。 （律动说明：教师制作《布谷鸟》节奏视频，节奏为四四拍，休止拍用握拳动作表示，一拍用一只西瓜或苹果表示，学生看到西瓜，就双手拍掌一下，看到苹果，就双手拍打桌子一下，拍手和拍打桌子交替切换） （二）新课教学 1. 引入国歌、国旗主题 师：“做完这个节奏律动，发现同学们更加精神了，下面，马老师想请同学们找一找我们的国旗，谁来找一找？”（老师出示 24 个国家的国旗，让学生找出我国的国旗）			

笔记栏

续表

<table>
<tr><td>研讨内容</td><td>师生交流。
师:“恭喜你，答对了！把掌声送给这位同学。是的，五星红旗是我们祖国的国旗，也是伟大祖国的象征。同学们，你们在什么场合会看到国旗升起、听到国歌响起呢？”
师生交流。
师:“同学们，看完视频，你们的心情是怎么样的？其实我们的心情都一样，是激情澎湃、激动的。在我们校园里，国旗升起的时候，你们用什么姿势去面对冉冉升起的国旗呀？”
师生交流。
师:“对的，立正、敬礼。昂首挺胸面向国旗。同学们回答的声音很响亮。今天，老师给同学们带来了一首与升旗有关的歌曲，先请大家听一听，当你们听到立正、敬礼的时候，请举起你们的小手，请听。”
2. 初听歌曲
教师用电子琴自弹自唱《升旗》，唱两段，到出现立正、敬礼的时候重一点，让学生听得更加明显。
师:“看到你们举起的小手，就知道听得很仔细了，先把掌声送给自己。听完之后，这首歌曲给你什么样的感觉呢？”
师生交流。
师:“庄严、肃穆，这正是这首歌曲的情绪特点。下面我们一起来学习这首歌《升旗》。”
3. 复听歌曲
师:“同学们，这首歌是什么拍子的，强弱规律是什么？还记得用哪些拍子动作来表示吗？非常棒，这都是我们学过的，下面分小组，边听音乐边练习拍子动作。”
接下来，带着这些动作，再次感受歌曲。
师:“有哪些地方不懂，或是有不认识的字吗？老师来帮助你。”
师生交流。
4. 认识音乐记号
师:“下面老师考一考大家，看是否把问题都解决了。”（老师出示休止符“0”）
师:“出现休止符的地方，请跟着老师唱一唱。”（老师电子琴弹奏，学生跟唱）
5. 哼唱旋律
6. 填词演唱
7. 生生点评，再次演唱
8. 教师即时评价
（三）拓展
师:“我们配合得很默契，同学们，老师想布置一个任务，让你们给这首歌装饰。老师在桌面上给大家每人准备了一个纸杯，我们用它来给歌曲增添色彩吧，请看微视频演示。”教师带领学生做声势律动。
（律动说明：教师出示杯子节奏的微视频，学生先观看一遍视频，然后再次播放视频，学生拿起纸杯跟做节奏。表示方式为：四分音符用一颗星星表示，即用纸杯敲桌面一下，八分音符用两颗星星表示，即用纸杯敲打桌面两下，反复切换节奏）
（四）小结
师:“很快又到课堂的尾声了，这节课，我们通过《升旗》这首歌学习到了，不管在什么场合，当听到国歌响起、国旗升起的时候，都要立正、敬礼，以庄严肃穆的姿势面向冉冉升起的国旗。同学们，那哪些人可以敬礼呢？”
师生交流。
师:“当你成为光荣的少先队员，胸前戴上鲜艳的红领巾，这个时候，就可以敬队礼。你们想不想成为一名光荣的少先队员呢？”
师生交流。
师:“嗯，老师相信每一位同学经过自己的努力，一定会成为一名光荣的少先队员。下面让我们一起来感受一下，假如你是一名少先队员，看到国旗、听到国歌，一起敬礼的感受吧！”
老师播放中华人民共和国国歌，播放升旗的视频，全体同学齐唱国歌、敬队礼。</td></tr>
</table>

续表

笔记栏

<table>
<tr><td>研讨内容</td><td>研讨发言记录
（一）B 老师对本节课教学设计及教学反思进行阐述
1. 设计介绍：《升旗》是一首四二拍、一段体结构的歌曲。这首歌曲充满爱国主义情怀，以北京天安门前升旗仪式、奥运会赛场等情景，开阔孩子们的视野，激发学生对国旗、国歌的关注和热爱，进一步激发学生深入了解每一个国家都有自己的国旗和国歌，它代表一个国家的尊严和人民的精神面貌。通过听赏、演唱、拓展的形式，让一年级的孩子从中掌握表现音乐情感和自身体验的音乐技能，实现情感与艺术相互渗透、统一的目标。
2. 教学反思：这是一首爱国歌曲，学习难度不大，对于一年级的孩子来说，对演唱的要求相对没有这么高，通过聆听的方式，让这首歌曲映入孩子们的心，到跟唱的环节，大部分孩子已经能跟着音乐、跟着歌词唱出来了，用听的方式代替老师手把手地教唱，效果较好。本节课教学的开展，我紧紧围绕着以学生为主体的思想，让孩子们通过听、练、试的方式，去发现自己可以用这种或者那种方式学习，而不是只能通过老师的嘴巴去学。比如在导入环节，用微视频的导入，让孩子们手脑并用，一是可以在一开始就抓住孩子们学习的心理，二是可以提高孩子们对学习的兴趣，效果都是很明显的。到拓展环节，用杯子给歌曲装饰，我选择了生活中常用的纸杯代替常见的乐器。运用微视频教学，孩子们学得快，同时也可以知道，生活中的很多用品都可以像纸杯一样，给丰富多彩的歌曲配伴奏。同时，在授课过程中，我也有很多的不足，对于学生与学生之间的评价，我是忽略了，虽然是一年级学生，也应该让孩子们勇于去分享感受，去评价自己的体验。在孩子们进行动作编排和展示环节，大部分孩子都比较怯场，老师可以从一些动作的提示或者是语言提示上给孩子们信号，这样展示的效果会更加好。
（二）其他教师发言
A 老师：听了 B 老师的课，我留下了深刻的印象。良好开端是成功的一半，一个好的开头，就是一个课堂的亮点，给人留下了深刻的印象，B 老师设计了一个四四拍的节奏律动视频，让孩子们跟着音乐做节奏的律动，既考察小朋友对歌曲节奏的掌握和把握，又可以锻炼孩子们手脑并用的能力，激发了孩子们的兴趣，是一个非常有新意而且有利于开展教学的一个导入。
C 老师：听完整堂课，教师是能够完成设定的教学目标的，突出重点、解决难点。我在听课时发现，B 老师注意让学生在潜移默化中自主学习歌曲，并没有像传统教唱的方式，老师一字一句地教，学生一字一句地学，B 老师是通过设定每一个目标，通过聆听的方式，让孩子们带着学习目标去学唱歌曲，这种方法很好，无形中减轻了学生学习新歌的负担。每一遍听歌曲的过程中，B 老师都紧扣主题提出问题，使学生带着问题，有目的性地听音乐。
D 老师：B 老师的课堂设计合理、紧凑，教学形式丰富多样，学生的学习积极性、参与度非常高，学习气氛浓厚、融洽。从升旗的视频展示再到老师范唱歌曲、用杯子打节奏等，每个环节的设计清晰明了、过渡自然。最后学生上台展示设计的舞蹈动作环节，我想提一个小小的建议，当发现孩子们有些放不开去表演的时候，老师可以设计几个动作带动一下，这样孩子们可能会自信一些。</td></tr>
</table>

笔记栏

二、小学音乐“听赏”课型评课案例

森林狂想曲

（电子音乐）

吴金黛制作

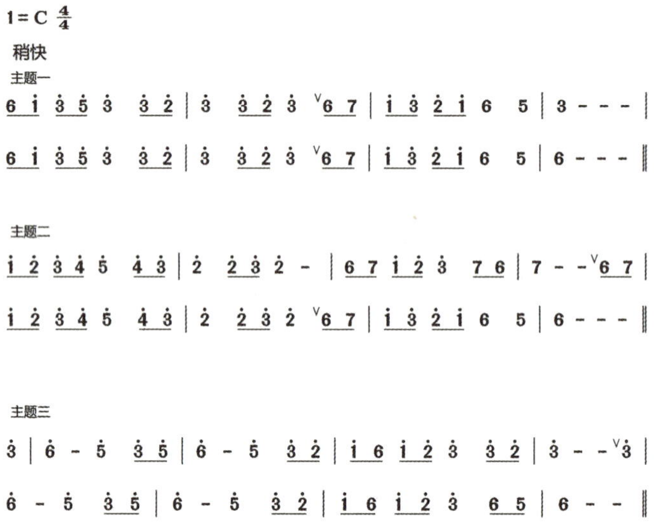

1 = C $\frac{4}{4}$

稍快

主题一

6 1̇ 3̇ 5̇ 3̇ 3̇ 2̇ | 3̇ 3̇ 2̇ 3̇ ∨6 7 | 1̇ 3̇ 2̇ 1̇ 6 5 | 3 - - - |

6 1̇ 3̇ 5̇ 3̇ 3̇ 2̇ | 3̇ 3̇ 2̇ 3̇ ∨6 7 | 1̇ 3̇ 2̇ 1̇ 6 5 | 6 - - - ‖

主题二

1̇ 2̇ 3̇ 4̇ 5̇ 4̇ 3̇ | 2̇ 2̇ 3̇ 2̇ - | 6 7 1̇ 2̇ 3̇ 7 6 | 7 - - ∨6 7 |

1̇ 2̇ 3̇ 4̇ 5̇ 4̇ 3̇ | 2̇ 2̇ 3̇ 2̇ ∨6 7 | 1̇ 3̇ 2̇ 1̇ 6 5 | 6 - - - ‖

主题三

3̇ | 6̇ - 5̇ 3̇ 5̇ | 6̇ - 5̇ 3̇ 2̇ | 1̇ 6 1̇ 2̇ 3̇ 3̇ 2̇ | 3̇ - - ∨3̇ |

6̇ - 5̇ 3̇ 5̇ | 6̇ - 5̇ 3̇ 2̇ | 1̇ 6 1̇ 2̇ 3̇ 6 5 | 6 - - ‖

图 8-8 《森林狂想曲》谱例

下表是《森林狂想曲》公开课观课议课研讨记录。

表 8-2 《森林狂想曲》公开课观课议课研讨记录

活动时间	20XX 年 XX 月 XX 日	活动地点	音乐教室
主持人	A	记录人	C
出席教师	A B C D		
研讨主题	B 老师公开课课题《森林狂想曲》		
研讨内容	**教学过程** （一）导入 播放小动物的叫声（小鸟、蝈蝈、大象等）视频，由学生猜并模仿各种小动物的动作或声音。 （二）新课教学 1. 初次欣赏音乐片段，聆听音乐中的声音 师：“同学们从音乐中听到了哪些声音？能模仿它的声音吗？” 学生自由回答并模仿听到的小动物的叫声。 2. 再次欣赏音乐片段 （1）为音乐配伴奏。拿着乐器的学生跟随音乐敲击乐器，表演一种自然界的声音；没拿乐器的学生跟随音乐做身体律动，表演一种自然界的物体。 （2）简单介绍乐曲。 3. 完整地欣赏音乐 （1）完整地感受音乐的情绪（轻松、愉快的心情）。		

续表　　笔记栏

研讨内容	（2）熟悉三段音乐主题。聆听音乐，分辨三段音乐主题；教师弹奏音乐主题 A、B、C，学生学唱。 教师示范并引导：演唱音乐主题 A、B 时用轻快、短促、高位置、有弹性的声音演唱，注意旋律中的换气记号。演唱音乐主题 C 时速度稍慢，旋律要清晰，注意弱起和换气记号。 学生再次跟琴学唱。 整体演唱三段主题。 （3）学生根据旋律主题 A，加入自己喜欢的声音（加入音效）。 （三）巩固提高，了解曲式结构 1. 学生根据图表，聆听音乐，判断音乐的主题旋律 2. 学生根据图表讨论分析曲式结构 师："请同学们给你们的小脑袋插上翅膀，以小组为单位讨论，歌曲分为几段呀？"（全曲共由三个主题交替构成，是一个多段体结构的乐曲） 3. 了解音效 师："开头、中间、结尾处有很多自然界的声音，我们把它叫作音效。" 4. 完整演奏音乐作品 （1）学生分三组分别模仿开头、中间、结尾的三个音效部分，并歌唱音乐主题、为音乐主题部分配伴奏。 （2）师生评价。 （四）小结 今天这节课我们就上到这里，希望同学们以后能够欣赏到更多、更美的大自然音乐，再见。 **研讨发言记录** （一）B 老师对本节课教学设计及教学反思进行阐述 1. 设计介绍：《森林狂想曲》是一首现代类轻音乐作品。歌曲整体轻松欢快，表现了森林小动物开心愉快的心情。本课针对学生的年龄特征，以情境教学法为主线，采用多种教学手段和方法，以整体方式去感知，注重听觉能力的培养，让学生在愉快、轻松的氛围中去大胆想象、创造。 2. 教学反思：《森林狂想曲》是一首由森林中多种动物鸣叫以及动作发出的声音合成的音乐，旋律清幽抒情，潺潺流水，轻快鸟鸣，仿佛把人带入清新宁静的心境，感受温馨，感受自然，很容易激发学生的学习兴趣。在这堂课中，我通过播放视频，音像结合，使学生从各方面感受到热带雨林的神奇，体会乐曲中描绘的景象，感受音乐传达给人们的不同情绪，丰富学生的情感体验，培养良好的审美情趣。然后让学生听辨乐曲小片段，辨别是哪些乐器演奏的，使学生认识笛子、小提琴、吉他，学生对此非常感兴趣，积极参与。接着带学生认识三段主题旋律，随着老师的琴声轻轻哼唱，再听辨，加深学生对主题旋律的印象，然后完整欣赏乐曲，给旋律排顺序。我还设计了图谱，让学生聆听歌曲，找出其中的小动物。邀请孩子们一起参加表演，孩子们一下子就来兴趣了，首先通过图谱，让大家掌握节奏，由老师的示范，渐渐地大家都能够自己拍出其他小动物的节奏，然后在大家都掌握节奏的基础上，加上音乐的渲染，把孩子们都带入音乐会的情境中。紧接着，在大家注意力集中且熟悉旋律的前提下，又呈现乐器，让大家更有欲望参加演奏，通过乐器的声音和演奏方式再与动物的鸣叫声和动作相比较，让孩子们自己来决定配乐乐器，既有助于孩子记忆，又体现了参与性。最后的正式演出环节，让孩子想象自己站在舞台上，使情境更加真实，孩子表演得十分认真，整齐地打击节奏，使最后的表演非常精彩，大家的掌声也给孩子们更多的自信。整个教学环节很流畅，孩子们的兴趣高昂，活动气氛活跃，孩子们意犹未尽，为了满足所有孩子的欲望，在最后表演环节还组织大家交换乐器演奏，让所有孩子都有机会演奏三种乐器。但在交换乐器时发现，部分孩子并没有能够演奏到三种乐器，个别孩子甚至一直演奏一种乐器，失去了演奏其他乐器的机会，对于这个现象我想是因为在交换乐器时我选择让孩子们自由交换的方式而产生的，若老师在交换前能够明确要求，或者由老师来统一交换，那么孩子们演奏的机会会更加平等，同时也能够掌握整首歌曲四种不同的节奏。

笔记栏

续表

研讨内容	（二）其他教师发言 A 老师：B 老师上课的过程充分让学生聆听音乐，引导学生、启发学生，让学生在音乐的引导中自然地进行学习。运用情境创设法，激发了学生的学习兴趣，根据新课标要求，养成聆听音乐的好习惯，让学生专注于音乐，更快地进入到音乐的情境中。初次聆听全曲，初步感受乐曲的情绪，让学生通过听觉活动感受和体验音乐。分段演唱，分辨每一段乐曲在整首音乐中出现了几次，本环节激发学生对音乐的好奇心和探究愿望。本课教学环节之间衔接巧妙，课堂教学流利顺畅。教师仔细分析教材，选择恰当的教学方法，使各环节自如地过渡，不留任何痕迹，课堂教学保持整体性。 C 老师：这节课充分渗透了新课改的教学理念，以音乐审美为核心，以兴趣爱好为动力。面向全体学生，注重个性发展，重视音乐实践，鼓励音乐创造，提倡学科综合。B 老师在教学中采用了丰富的教学方法和教学手段，充分体现了教师的个性及教学特色，充分营造了和谐、互动、探究、创新的良好的学习情境和氛围。 D 老师：作为一个音乐教师，音乐基本功是很重要的因素。在这堂音乐课中，无论是 B 老师的弹还是唱，无论是表演还是语言、教态，都显示了一个音乐教师扎实的音乐素养。正是因为有了过硬的基本功，学生才能很快进入状态，扮演好自己的角色，出色地完成好这堂音乐课。听此节课，不管是教师的教态还是扎实的素养，都很值得我们去学习和借鉴，我受益颇多！

三、小学音乐“活动”课型评课案例

青蛙合唱团

王卫红　编

2/4

X X X | X X | X X X | X X | X X X | X X X |

小 青 蛙　跳 跳，大 青 蛙　呱 呱。跳 跳 跳，呱 呱 呱。

图 8-9 《青蛙合唱团》谱例

（一）《青蛙合唱团》教案

【教材分析】

本课选自接力出版社《一年级：上册》第四单元“村寨欢歌”中的第一课。《青蛙合唱团》是一节活动课，通过模拟青蛙蹦跳的动作，让学生在玩中认识四分音符和八分音符，巩固和提高学生对简单节奏的感受能力。打击乐器伴奏的加入，进一步丰富了活动的形式，使多声部节奏的训练与打击乐器的演奏结合起来，使学生在

笔记栏

音乐活动中的合作能力得到进一步加强和发展。

【学情分析】

刚进入小学一年级的学生都带有幼儿的一些特征，其思维以具体形象思维为主，抽象思维尚处于初步发展的阶段。他们好奇、好动、好模仿，对音乐艺术也能够表现出愉快的心情并产生美感，但意志比较薄弱。

【教学目标】

审美感知：通过音乐课堂的活动，让学生获得愉快的课堂体验，使他们进一步热爱大自然。

艺术表现：能准确地读出四分音符和八分音符，并能够自信、自然、有表情地用蛙鸣筒和响板进行伴奏。

创意实践：通过模仿青蛙蹦跳的动作导入课堂，运用奥尔夫教学法进行节奏教学，运用分组配合的形式进行二声部的节奏训练，让学生体验打击乐器蛙鸣筒和响板的演奏方式，学生在玩中学、学中玩。

文化理解：在学习四分节奏和八分节奏中感受团队协作能力。

【教学重点】

认识蛙鸣筒和响板，并知道正确的演奏方式。

【教学难点】

区分四分音符和八分音符，并能用蛙鸣筒和响板准确地演奏。

【教学准备】

PPT、蛙鸣筒和响板。

【教学过程】

师生用音乐的形式进行问好。

1. 激趣导入

（1）播放青蛙在池塘里活动的视频

（2）带领学生一起模仿青蛙蹦跳的动作和叫声

师："同学们，你们知道吗？在池塘的深处，有一只大青蛙和一只小青蛙，他们组成了一个青蛙合唱团，他们有一首成名曲，今天，让我们一起来学习。"此时出示课题（板书）。

设计意图：创设情境，让学生认识大青蛙和小青蛙，并能够有效地模仿青蛙的动作和叫声。

2. 新课教学

（1）认识四分音符"×"和八分音符"$\underline{\times\ \times}$"

师："同学们，在学唱儿歌之前，我们来玩一个节奏游戏，比比看哪一位小朋友学得快！"出示四分音符的节奏和八分音符的节奏。

设计意图：运用奥尔夫教学法进行游戏教学，四分音符"×"双手合拍，八分

笔记栏

音符“x x”分别拍左边和右边大腿，从而解决本课的节奏难点。

（2）节奏练习

师：“同学们学得很快哦，现在我们要升级难度咯，请大家翻到课本第 34 页，我们把课本的节奏连起来读。”

先是教师进行示范，然后带领学生一起读节奏：

$\frac{2}{4}$ x x x | x x | x x x | x x | x x x | x x x ‖

待学生把节奏练习准备后，将配上歌词一起读：

$\frac{2}{4}$ 小青 蛙 | 跳 跳 | 大青 蛙 | 呱 呱 | 跳跳 跳 | 呱呱 呱 ‖

师：“同学们的节奏感太好了，现在让我们分成两组进行合作吧，第一组读小青蛙的部分，第二组读大青蛙的部分。”

$\frac{2}{4}$ x x x | x x | x x x | x x | x x x | x x x ‖

小青 蛙 跳 跳，大青 蛙 呱 呱，跳跳 跳，呱呱 呱。

①组 ②组 ①组 ②组

设计意图：提前分组练习，让学生学会配合和聆听，并为接下来二声部节奏的练习做好铺垫。

（3）分组练习二声部的节奏

师：“同学们配合得很默契，现在我们的练习要再次增加难度咯，现在我们要第一组和第二组的同学同时来练习下面的节奏，看看大家适不适应。”

$\frac{2}{4}$ x x x | x x | x x x x | x – ‖

跳 跳 跳 跳 跳 跳 跳 跳 跳 跳。

$\frac{2}{4}$ x x x | x x x | x x x x | x – ‖

呱 呱 呱 呱 呱 呱 呱 呱 呱 呱 呱。

（4）加入打击乐伴奏

师：“同学们，青蛙合唱团的儿歌我们已经学会了，为了让儿歌听起来更丰富，我们能加上什么呢？”

师生交流。

接着教师分别对蛙鸣筒和响板的使用进行示范，然后教师口念儿歌、手打乐器再示范，随后指导学生进行演奏。

（5）带节奏和伴奏完整读儿歌

师：“加入了打击乐，我们的儿歌变得很丰富哦，现在让我们完整读一遍吧。”

教师指导学生进行表演并及时评价，有误的地方再次进行练习，然后再完整地用打击乐伴奏读一遍。

3. 拓展

（1）编创歌词

师："同学们的表演很具动感哦！现在我们来玩个填词游戏，把你们喜欢的动物填到方框内。"教师把提前准备好的导学案分组发给学生，2 分钟内完成填写。

（2）分组展示

师："时间到了，请第一组、第二组的同学们分别上来进行展示。"学生进行展示。

4. 小结

师："同学们，今天我们学习了《青蛙合唱团》这首儿歌，认识了四分音符和八分音符，也用打击乐进行了伴奏，通过默契的配合，我们的表演得到了大青蛙和小青蛙的认可。这也告诉了我们团结就是力量，只要我们团结一致，任何困难都能解决。今天的课就上到这，下课！"

（二）《青蛙合唱团》评课

【优点】

1. 目标明确、重点突出

能围绕自己设定的主题确定教学目标，采用丰富多彩的教学活动，突出重点和难点。比如，在练习节奏环节，在分辨四分音符和八分音符的节奏时，教师运用奥尔夫教学法，把节奏形象化、具体化，由此突破了教学难点。

2. 创设情境、激趣导入

教师能抓住儿童好奇心强的特点，把握时机，把学生带进喜闻乐见、贴近生活的情境中。本节课通过观看池塘里青蛙的视频和学习青蛙跳、模仿青蛙叫声进行导入，调动了学生学习的积极性。

3. 着重培养学生的兴趣

教师注重学生求知欲强、主动性强、模仿性强的身心特点，充分发挥音乐艺术的独特魅力，以丰富多彩的教学内容和生动活泼的教学形式进行直观的教学，采取视频、游戏等活动方法，激发和培养学生对音乐的兴趣。

4. 培养学生的创造性

在编创歌词环节，能让学生加入自己喜欢的动物，激发了学生主动创造、思考的能力。

5. 注重个性发展

把全体学生的普遍参与和发展不同个性的因材施教有机结合起来，创造生动活泼、灵活多样的教学形式，为学生提供发展个性的可能和条件。比如，编创活动使

笔记栏

学生的个性得到了发展。

6. 知识与技能的培养

能听辨蛙鸣筒和响板的音色，如听辨强弱、长短不同的音。在感知音乐节奏和旋律的过程中，能够辨别节拍的不同，能够听辨旋律的高低、快慢、强弱。培养学生自信、自然、有表情地演奏；在音乐听觉感知基础上识读乐谱，在音乐表现活动中运用乐谱。

7. 面向课堂上的全体学生

课堂的教学活动以学生为主体，师生互动将学生对音乐的感受和音乐活动的参与放在重要的位置。比如，学生每人手里都有蛙鸣筒和响板，让全班同学一起互动。

8. 体现了教师的亲和力

教师还很注意与学生的情感交流，随时用肢体语言、表情以及夸奖鼓励的语言给学生以暗示，既可以掌握课堂的节奏，给每个同学练习和表现的机会，也可以给学生被关注的感觉，与学生保持亲善友好的交流关系。教师的语言充满了亲切感，在一节课的各个环节中有许多次鼓励学生的语言和动作，给学生很大的自我效能感。

9. 培养学生的审美观点

音乐基础知识和基本技能的学习，有机地渗透在音乐艺术的审美体验之中。师生共同体验、发现、创造、表现和享受音乐美。在教学中，教师强调音乐的情感体验，引导学生对音乐表现形式和情感内涵的整体把握，领会音乐要素在音乐表现中的作用。

10. 教学评价

每段活动结束后，教师都及时地总结和评价，及时表扬和鼓励，有助于学生跟上教师的进度和思路。

【不足】

1. 课程进度

个别环节没有实效，流于形式。时间分配不当，课的前奏时间花费太长，新授内容处理仓促，还没等学生掌握新授内容，教师就让他们忙于下面的游戏和改编活动，影响了教学任务的完成效果。

2. 要点把握

在教学活动中没有真正突出教学重难点，教学活动没有为完成教学目标服务。没有突出对新授内容的训练。

【建议】

1. 教学目标要明确

在各个教学活动中所采用的教学手段要以教学目标、教学重难点为轴，由易到

笔记栏

难、循序渐进、层层深入，培养学生掌握知识、运用知识的技能。

2. 突出教学重难点

整个课堂教学中，要突出教学重难点，设法在教学活动中突破教学重难点。突出新授内容的训练，在学生掌握所学新知识的前提下再进行扩展，才能达到对知识举一反三、融会贯通的目的，完成预期的教学目标。

3. 求实

课要上得有实效，不要流于形式。教学活动和教学手段要为教学目标的达成服务，形式要为内容服务，不要偏离主题。

第四节 小学音乐教学实施方案案例

查阅文献、资料，思考音乐教学实施方案应包括几部分？

善思

你能根据实习学校的实际情况撰写出适合该学校发展的音乐教学实施方案吗？

一、工作要点

（1）进一步学习课程标准，准确把握课程的大方向，明确音乐学科在各个阶段需要达到的目标以及一至六年级整体目标与各个模块之间的关系。

（2）增强对教材的持续研究：了解教材的编写意图，通览教材中的作品，组织教师对教材各单元实行分析。

（3）增强课堂教学研究：针对各年级学生的具体身心特点，研究教材深入的“度”和作品抓取的“点”，科学、合理地实行实际教学。

二、确定本学期教学的目标、任务

（一）发声训练部分

（1）学会发出声音，并在气息的控制下逐步向高音扩展。

笔记栏

（2）运用不同的力度、速度表现歌曲的情感。

（3）唱保持音时声音要饱满。

（4）音量均衡，音色协调。

（二）识谱部分

低年级学生必须掌握教师所教的乐理知识，如：高、中、低音阶排列的顺序，掌握音符、附点、休止符及其组成的简单节奏、旋律，感受并认识节拍的强弱规律、力度记号及不同的唱法要求。中年级学生在教师的协助下能演唱歌曲歌谱。高年级学生能基本识谱，并在教师的指导下填词演唱。

（三）唱歌部分

本学期按照教学大纲的要求，注意培养学生正确的发声、演唱方法，防止喊歌；让学生学习正确的唱歌姿势，清晰的咬字、吐字方法。教学演唱时要注意音准、节奏和正确的情绪。

（四）欣赏部分

进一步加强情感体验的能力，加深对音乐形象的感受。

三、提升教学质量措施

（1）认真备课，为能使学生上好课做好充分的准备工作。

（2）因材施教，对不同的学生要注意采用不同的教学手法，使学生能够得到充分发展。

（3）设计好每堂课的导入环节，提升学生的学习兴趣。

（4）课堂形式设计多样，充满知识性、趣味性以及表演性。最大限度地调动学生的积极性，并使他们最大限度地学到知识、掌握技能。

四、各年级考核细则

（一）一年级

（1）听辨音，要求掌握音的高低、强弱、长短。

（2）“小小音乐会”（才艺表演、特长展示）。

（3）听音乐，自由地、有节奏地实行律动。

（4）能够表演一个学过的律动小组合。

笔记栏

（二）二年级

（1）节奏一条，要求视奏，节拍准确。
（2）“小小音乐会”（才艺表演、特长展示）。
（3）能够通过手部动作表现音乐。
（4）能够根据规定情境编一个小组合。

（三）三、四年级

（1）歌谱试唱一条，从教师准备的十条乐谱中抽取一条演唱，要求唱名、音高、节奏准确。
（2）“小小音乐会”（才艺表演、特长展示）。
（3）能够使用肢体语言表现音乐。
（4）能够小组编创组合（合理使用肢体动作、队形、造型等）。

（四）五、六年级

（1）必唱课本歌曲。
（2）歌谱试唱一条，要求唱名、音高、节奏准确。
（3）欣赏乐曲，说出名称和简单的感受。
（4）“音乐会”（才艺表演、特长展示）。

总结与反思

思维导图

简述“唱歌”及“听赏”两种课型的基本结构，用思维导图的形式画在下方。

笔记栏

工学结合

1.选择小学音乐教材中的“唱歌”“听赏”“活动”三种课型，分别撰写教学框架。

2.与同学讨论：什么是说课？说课与试讲有什么区别？

3.准备一份教学设计案例，将它改写成说课稿，撰写过程中注意环节之间语言的衔接。

学习评价

笔记栏

评价内容	评价指标	分值	学生自评	教师评分并点评
知晓音乐课堂四大核心素养并理解	准确指出音乐课堂核心素养内容，并能够列举出每个素养在音乐课堂中的内容及作用	15		
能区分“唱歌”“听赏”“活动”三种类型课堂	能够区分三种不同课型的侧重点，并能够熟悉基本框架	25		
能根据教材撰写音乐教案	能根据音乐课程标准撰写教案，内容包括教材分析、学情分析、教学目标、教学重难点以及教学过程等步骤，且条理清晰	10		
能根据教材撰写说课稿	能根据音乐课程标准撰写说课稿，说课稿中要清楚说明教材分析、学情分析、教学目标、教学重难点以及教学过程等内容，且条理清晰	20		
能够区分说课与试讲的区别	能正确理清说课与试讲面对的群体不同，并列举区分两者之处	10		
掌握评课的基本要点	能分析课堂是否根据音乐课程标准为基础；是否在教学目标、教学重难点、教学过程的设计环节合理得当；学生参与程度、学生掌握程度；课堂中是否达到预设的效果等	10		
能撰写音乐教学实施方案	实施方案能够体现教师根据音乐课程标准以及学校基本情况编写本学期或者学年的音乐教学计划。方案中要求有具体教学计划、目标以及学生的考核方式	10		
总评		100		

拓展阅读

《义务教育艺术课程标准（2022 年版）》，中华人民共和国教育部，北京师范大学出版社。

第九章

小学戏曲教学的意义与实例解析

▶ 素质目标

1. 欣赏、感受经典剧目，了解中华传统文化的博大精深，感受中华民族的伟大创造力，唤起学生的民族自豪感、增强民族自信心。

2. 解读剧目中的爱憎情感，区分正义与良知、邪恶与丑陋，借助戏曲形象及事迹，实现“以戏塑形、以戏养德、以戏悦美”的目的。

▶ 知识目标

1. 了解《义务教育艺术课程标准（2022 年版）》对戏剧（含戏曲）课程的要求。

2. 识记戏剧、戏曲的定义，准确区分两者的异同和概具关系。

3. 理解小学艺术课程开展戏剧（含戏曲）教学的价值及意义。

4. 掌握戏曲教学的评价方式及评价要素。

▶ 技能目标

1. 结合教学实际，合理选择内容、确定教学目标，有效开展戏曲教学。

2. 根据“素养”要求，践行学科交融、能力交织的培养方式。

3. 对照、分析案例，坚持“以学促评”的原则，掌握评价方式及调整评价策略。

▶ 情感目标

1. 通过戏曲教学，传承祖国灿烂文化，根据时代的发展和社会的要求选择合适的资源，将优秀的、有生命力的戏曲文化传给下一代。

2. 坚持以美育人，重视艺术感知和情感体验，突出课程综合性，强调与其他艺术的融合，创造具有时代精神的新文化，懂得继承和弘扬民族文化的意义。

《义务教育艺术课程标准（2022 年版）》将艺术课程分为音乐、美术、舞蹈、戏剧（含戏曲）、影视五类，戏剧被纳入了小学艺术课程体系。新课标指出，戏剧（含戏曲）学科课程内容包括“表现”“创造”“欣赏”和“融合”四类艺术实践，涵盖十项具体学习内容，通过具体的学习任务组织教学。戏剧和戏曲有什么区别？小学艺术课程中开展的是戏曲教学还是戏剧教学？合理区分及划定学段，准确定义培养目标，响应“艺术课程”改革，将“音乐教师”的固化身份上升到“艺术领路人”的高度，调整及改变教学认知意义重大。

笔记栏

第一节 小学艺术课程中戏剧与戏曲的界定

请通过文献、网络查询，了解下面的剧目，完成填表。

	霸王别姬	定军山	苏三起解	沙家浜	铡美案
你记住了哪些角色?					
讲了一件什么事?					
其中的人文思想和内涵是什么?					
找其中的一两幕剧听一听，试着理解一下内容					

1. 你听的京剧叫什么？涉及了什么人？什么事？
2. 在京剧中你看到了哪些乐器？他们脸上化了什么颜色的妆？
3. 戏曲中有哪些必要元素？戏曲和戏剧有什么区别？

一、戏剧与戏曲的定义、共性及区别

（一）戏剧与戏曲定义

戏剧，最初是一个文学概念，指为戏剧表演所创作的脚本，即剧本，之后演变成各种戏剧类型的统称。戏剧的表演形式多种多样，常见的包括话剧、歌剧、舞剧、音乐剧、木偶戏、皮影戏等，是由演员扮演角色，在舞台上当众表演的一种综合艺术。

戏曲，特指中国戏曲，由文学、音乐、舞蹈、美术、武术、杂技以及表演艺术综合而成，约有三百六十多个种类。中国戏曲经过长期的发展演变，逐步形成了以京剧、越剧、黄梅戏、评剧、豫剧五大戏曲剧种为核心的中国戏曲文化。

（二）戏剧与戏曲的共性及区别

戏剧和戏曲体现了一种概具关系。戏剧包括了戏曲在内，指以语言、动作、舞蹈、音乐、木偶等形式达到叙事目的的舞台表演艺术的总称。戏曲是中国独有的叫法，一般是指中国戏曲。中国戏曲主要是由民间歌舞、说唱和滑稽戏三种不同的艺术形式综合而成，起源于原始歌舞，是一种历史悠久的综合舞台艺术形式，将众多

笔记栏

艺术形式以一种标准聚合在一起，在共同具有的性质中体现其各自的个性。戏剧以文学表达为主体，主要是用“说”和“做”来演绎故事，缺少音乐性。戏曲则是以音乐为主体，以歌舞的形式，通过唱、念、做、打等艺术方式综合、立体呈现完整故事的舞台艺术。例如，戏曲中的音乐性团体“锣鼓经”“鼓乐班子”等，体现了音乐在戏曲中占重要地位和作用，而戏剧则更多依赖于演员的表情、动作、演唱等来实现，淡化了音乐的参与。在时间及空间处理方面，两者也存在差异：戏剧以写实手法为主；戏曲是虚拟的、大写意的，妆容、装扮也夸张。

二、京剧的特征及其对小学生综合修养的提升作用

（一）京剧源远流长

京剧，又称平剧、京戏等，是中国影响力最大的戏曲剧种，分布地以北京为中心，遍及全国各地。京剧起源于清代乾隆五十五年（1790 年），以安徽籍艺人为主的四大徽班陆续进入北京，与来自湖北的汉调艺人合作，融入了昆曲、秦腔的部分剧目、曲调和表演方法，吸收了地方民间曲调，不断交流、融合，最终形成京剧。京剧在文学、表演、音乐、舞台美术等各个方面都有一套规范化的艺术表现形式。京剧的唱腔属板式变化体，以二黄、西皮为主要声腔，伴奏分文场和武场两大类，文场以胡琴为主奏乐器，武场以鼓板为主，角色分为生、旦、净、丑、杂、武、流等行当，后三行已不再立专行，现在的角色分为生、旦、净、丑四种。各行当都有一套表演程式，唱念做打的技艺各具特色。京剧以历史故事为主要演出内容，传统剧目约有一千三百多个，常演的在三四百个以上。2006 年 5 月，京剧被国务院批准列入第一批国家级非物质文化遗产名录。2010 年，京剧被列入联合国教科文组织非物质文化遗产名录（名册）人类非物质文化遗产代表名录 。

（二）符合小学生身心与能力发展需求

最适合学习京剧的年龄段在 5—10 岁，这个阶段的孩子身体机能合适，身体柔韧性好，进行京剧的身段练习，能塑造完美的体态。这个年龄段的孩子具有较强的学习能力和模仿能力，吸收及内化知识能力较强。京剧的做派身段、开打动作练习可以让孩子增强体质，念唱则是要气沉丹田，调节身体气流和呼吸，对强身健体有帮助。小学生受兴趣爱好、环境等因素影响，音乐能力及素养区别较大，但是从戏曲学习的基本功来说，品鉴欣赏能力是学习的必备能力，欣赏能力的培养并不会单一凸显技能，我们不会用“学戏曲就得会戏曲”的眼光看待艺术学习，欣赏的角度不一样，体会和感受也就不一样。比如说“文化”，任何艺术门类都在文化的平台上生长，欣赏戏曲其实也可以理解为“了解戏曲文化”，有了文化特质，学生就能找到欣赏点、明确欣赏的价值。戏曲的文化性是多元的，扎根比较深，通过文化平台提升鉴赏能力，对教学有着深远的意义。

（三）体现素养交织与文化传承的落实

《义务教育艺术课程标准（2022年版）》明确指出，新课标坚持以美育人，重视艺术感知和情感体验，突出课程综合性，强调与其他艺术的融合。在教学实践与落实中，需要“坚持三个导向”，即坚持目标导向、坚持问题导向、坚持创新导向。首先是“目标导向”，课标指出“将社会主义先进文化、革命文化、中华优秀传统文化、国家安全、生命安全与健康等重大主题教育有机融入课程，增强课程思想性”，在实际教学中落实就是体现为素养交融、学科交织、综合能力一起发展。其次，关于“问题导向”，课标指出“遵循学生身心发展规律，加强一体化设置，促进学段衔接，提升课程科学性和系统性”。众多的戏曲种类，由于地理环境、语言环境的不同，每一种戏曲都深深植入了中国文化的精髓。让学生感受戏曲独特的艺术魅力，了解中国传统文化的博大精深，了解中华民族的伟大创造力，从而使学生产生民族自豪感、增强民族自信心。

三、其他戏曲种类及地方戏曲的育人作用

越剧的发源地是绍兴，是中国第二大剧种，有“第二国剧”之称，也称绍兴戏，又被称为是“流传最广的地方剧种”，在国外被称为“中国歌剧”。越剧长于抒情，唱腔俏丽多变，跌宕婉转，富有表现力，感情充沛，细腻有神，有感人以形、动之以情的魅力。越剧唱腔优美，流派唱腔纷呈，特色鲜明，满足观众的不同口味，甚至这种流派特色还影响到各个流派塑造的人物气质。在咬字上，吴侬软语与普通话结合，曲调、板式与人物情感紧密联系，使得越剧唱段动听、生动、富于变化。越剧尽力地保持剧情的完整性，前因后果交代得十分清楚，不会一笔带过，一场越剧看下来，就像看了一部浓缩版电视剧，起承转合连接紧密，给人意犹未尽的感觉。小学生对“故事”有较强的依赖感和独特的理解视角，在孩子眼中，舞台上的演员就是他们的“绘本形象”“故事角色”，就好像语文教材中的故事，会把起因、经过、结果内渗到阅读和表达中。同时，越剧唯美的装扮、场景、乐器都会成为他们绘画、编创节目的素材，对学生综合艺术素养的发展有极强的推动作用。

黄梅戏唱腔淳朴流畅，以明快抒情见长，具有丰富的表现力，表演质朴细致，以真实活泼著称。黄梅戏的艺术特点体现在调式色彩的明朗化、表情达意的质朴化、节奏律动的舞蹈化、旋律线条的口语化、唱词结构的衬字（词）化等方面。有典型的宫、商、角、徵、羽五声调式，还有运用偏音的六声调式等。在小学音乐教材中有很多关于中国古代音乐的内容，其中五声调式会成为这些内容与黄梅戏的“桥梁”，教学中乘势点出五声调式在戏曲中的作用，在节奏律动的驱使下，在旋律线条的跌宕起伏中，小学生学习起来会充满欢愉之情、谐谑之趣。

评剧表现出浓郁的生活气息，有一种民间的味道，歌词简单易懂，演唱清晰，表演艺术虽然吸收了梆子、京剧的人物和程式，但仍保持着民间艺术活泼、自由、

生活气息浓郁的特点。评剧善于表现现实生活，与新课标提倡的“生活化音乐教育”观点不谋而合。课堂是一种任务情境，学生学习用艺术的眼光发现自然的美，用艺术的思维解决生活中的实际问题，用艺术的语言表现生活、表达观点。理解艺术的思维方式，掌握艺术语言的运用方法，走进自然、观察生活，能为自己积累丰富的生活感知。艺术学习的目的不是对知识与技能的简单记忆与模仿，更在于对知识与技能的创造性运用，在实践中学习艺术课程，个性化地认识和理解艺术，提升自己的艺术素养。

通过教育传承文化，根据时代的发展和社会的要求选择合适的资源，把优秀的、符合时代特征的、有生命力的文化传给下一代，同时还要在继承的基础上进行创造，创造出具有时代精神的新文化。党的教育方针是建构学生发展核心素养体系的根本依据和最终落脚点，学生发展核心素养是对教育方针所确定的德、智、体、美、劳全面发展的具体化，是将党的教育方针中的培养目标转化为对学生必备品格和关键能力的要求，进而贯穿到各学段，体现在各学科，最终落实到学生身上。

第二节 小学戏曲教学的策略及教学方式

戏曲中伴奏、场景音乐使用的器乐都叫作戏曲器乐，中国戏曲中器乐的独特形式和表现手法是戏曲的筋骨。请查阅资料，了解 2—3 种戏曲中使用的乐器，说一说它们分别出自哪种戏曲种类。

善思

随着时代发展，很多戏剧都融入了现代音乐的元素，以京剧为例，1949 年之前的叫作传统京剧，1949 年之后的叫作现代京剧。你了解哪些经典的现代京剧剧目？

一、小学戏曲教学的要求

（一）坚持以“曲”成“剧”

依据小学生心理特征及审美能力的发展规律，宜采用循序渐进的原则开展戏曲教学，从课程的构建体系来看，应该注重由浅入深、以激活兴趣养成技能为原则。小学生自学前开始就会根据生活观察、模仿及还原生活中、绘本中、书籍中的故事，

笔记栏

“过家家”一样的游戏活动就是简单的一幕幕“剧”。音乐是舞蹈、戏曲、乐器等技能的根基，在小学段的音乐学习囊括了节奏、速度、情感等音乐要素，“曲”也就成了滋养“剧”的土壤，在小学阶段以音乐为基础，打好“曲”的基础，借助学科交织、“1+X”思维，在音乐的基础上将学生的阅读、听说、写作、编创等能力结合，巧妙用故事催发“剧”的想象力，结合欣赏感受，滋生写剧本、搭舞台、做道具、学表演、奏乐器等能力，这是尊重小学生生理、心理发展规律的正确方式，所以小学阶段的戏曲教学以“曲”为主、以“剧”为辅。

（二）尊重学段划分

戏剧（含戏曲）学习任务的设置具有进阶性，根据小学的不同学段定义了不同要求和标准。1—2 年级的学习任务主要依托唱游实施“模拟表演”，即对日常生活中熟悉的人、动物、植物进行模仿，培养学生对所表现对象特征的观察和概括能力，鼓励学生运用自己的表情、身体、语言进行表演。3—7 年级的学习任务主要依托音乐及语文、外语等内容，实施“课本剧表演”，即选用音乐、语文等教材中的教学素材，进行课本剧编创表演。同时要求学生观看传统戏曲表演，培养学生的舞台表演意识和对表演活动进行评价的能力。无论是戏剧还是戏曲，都包含了四个要素：演员、故事（情境）、舞台（表演场地）和观众，但是也有一定的区别，具体如表 9-1 所示。

表 9-1 戏剧和戏曲的区别

类别	戏剧	戏曲
内涵意义	以语言、动作、舞蹈、音乐、木偶等形式达到叙事目的的舞台表演艺术的总称	指中国传统的舞台表演形式，主要有京剧、越剧、黄梅戏、评剧、豫剧等
表现形式	以文学为主体，主要是用“说”和“做”来演绎故事	以音乐为主体，以“歌舞”演故事，通过“唱、念、做、打”来呈现故事
时空处理	以写实手法为主	虚拟的、大写意的，妆容、装扮夸张
艺术范围	戏剧范围更大，戏剧包括戏曲，戏曲具有戏剧的属性，却不包括戏剧	涵盖文学、音乐、舞蹈、美术、杂技、雕塑等多种成分的综合艺术，有鲜明特征的民族艺术形式

二、实例解析“南音”的教学流程

（一）南音简介

南音也称“弦管”“南管”，发源于福建泉州，用闽南语（泉州府城腔）演唱，故也称泉州南音，是闽南地区的传统音乐，有“中国音乐史上的活化石”之称。南音保留着“汉宫秋”“子夜歌”“清平乐”“后庭花”“山坡羊”等唐宋古典曲牌，沿用唐代工乂谱，保留具有唐宋遗制的器乐及演奏方式，价值并不低于昆曲、黄梅戏等。但是，南音并不是戏剧，属于戏曲，有配乐的叫歌，无配乐的叫诗（或词）。

笔记栏

南音建立在古代文学的基础上，无论是演唱还是吟诵，都藏着“韵”，通过音的强弱、声的顿挫、乐器的演绎，实现了文化和文明的交织、交融。南音有一套专属的表演流程及体系，如京剧一样，有专属的配乐、唱谱、服装、表演技艺，甚至有专属的仪式、流程。最重要的是，南音和古代汉语文化紧密联系，南音的演唱内容大部分来自古代诗词、曲牌，小学生熟悉的一些古诗词如《望庐山瀑布》《将进酒》等，都成为南音的演唱内容，这无疑是一座艺术、古汉语、传统乐器的素养桥梁，和新课标提倡的教育理念不谋而合。

（二）《望庐山瀑布》的教学过程

1. 学生自修、相习成风

唐诗《望庐山瀑布》是诗人李白创作的一首七言绝句，以高度夸张的艺术手法将瀑布勾画得出神入化。根据唐诗谱写相应的南音工乂谱、结合南音“上四管”乐器、配合工乂谱五声音阶，彰显了泉州南音的本体化特质。学生通过古诗词学习及多元途径对唐诗内容已了然于胸，但是对泉州南音工乂谱与演奏乐器等方面的了解却不深。教师针对内容，特制定预习指导学习单，如表 9–2 所示。

表 9–2 《望庐山瀑布》预习单

收集关于《望庐山瀑布》的南音演出视频	视频中有几人合作完成表演？ 使用了哪些乐器？ 你对演奏还是演唱感兴趣？
阅读及识记	上四管： ①洞箫：又名尺八；②二弦：拉弦乐器；③三弦：与琵琶成互补；④琵琶：南音代表乐器 下四管： ①响盏：小锣，遇拍位则不敲；②双钟：撩位固定敲击，遇拍位则不敲；③叫锣：俗称狗鲛，随琵琶指法后半拍敲锣；④四块：由四块竹片或木片组成，随南音谱中的拍位双手向外夹击 歌者手持“拍板”加上上下四管乐器，以及嗳仔（小唢呐）或笛子等，合称“十音”
勤动手、做标记	在分发的南音《望庐山瀑布》工乂谱上，找出不同的五个“音”，用五种颜色标识
我家有“南音”	询问长辈或父母，你们家有会南音演唱或演奏的亲属吗？听一听他们的介绍

合理引导学生课前预习相关背景知识，鼓励学生自主探究，拓展后续课堂教学的深度与广度。学生自主寻找、查阅、探究与教学内容相关的资料；了解音乐的创作背景，音乐与历史、地理的内在联系；听一段相关音乐、看一段相关表演，从而形成追本溯源的研学态度。

2. 教师精讲、唱演并举

（1）细解疙瘩

利用课件辅助，对照《望庐山瀑布》南音工乂谱，制作色块推进图示，了解演唱流程，感受速度、力度和情绪的变化。教师明确指出南音不单是演唱者的“唱”，还离不开乐器的帮辅。南音演唱要用到哪些主要乐器呢？引导学生对照乐器图，介绍琵琶和洞箫。结合内容，作巧妙穿插和铺陈，通过听赏，感受南音吟唱的特点，通过传统乐器的展示和简介，综合、立体地赏析，进一步激活学生的音乐表现欲望。

（2）识谱解谱

现代汉语中的“谱”指的是音乐的乐谱和曲谱，“谱”字则来源于古汉语，是古代记录乐歌音符等的专属文字。泉州南音谱，准确称谓叫作“工乂谱”，泉州方言念成[kɔŋ - ts’e - pɔː]。南音谱以“乂、工、六、思、一”五个谱字为基础，结合预习单中的要求，形成了多元、立体、创新的教学过程，生动、直观地演示了泉州南音独特的竖排版唱奏顺序，教师抽丝剥茧，释疑泉州南音工乂谱自上而下、从右到左记谱的原因。

（3）模唱体验

教师带领学生“照古音叫字”（读词），现场弹唱片段，辅助学生模唱、体验。强调音准、字明，南音唱腔依据琵琶指骨唱出，要求字头清、字腹韵、字尾明。教师现场示范，邀请学生参与讨论、合作，帮助学生以“二弦入箫、箫入唱”的原则，领会南音的唱奏关系。

（4）仪式升华

泉州南音是一种仪式感很强的传统音乐，需要注重仪式细节。教师详细介绍南音的仪式，如“拜馆”等南音乐事，带领学生真切感受并体验泉州南音传统、可贵的仪式感。通过细致的仪式排演，让学生明白，南音表演中内涵宝贵的礼节需要我们心怀敬畏，传承南音，也应传承仪式。

（三）“第二课堂”开展途径

1. 自塑与他塑

传统戏曲的分工较细，对教师专业素养的要求很高，在教给学生技艺的同时，还应教会学生学品，不仅要重视技艺的传授，也要注重戏曲的意志品质培育。“台上一分钟，台下十年功”，任何一项戏曲技艺除了天赋，都得经过勤学苦练，如果缺乏刻苦精神，则难以得出成绩。戏曲教育要求学生有坚强的意志品质，教师除了严格要求，还得多一些包容心与耐心，不能片面地判定学生的表现，需要建立规范、科学、合理的培育机制。

2. 环境与生活

生活是学生学习的大课堂，学习氛围的构建需要学校、家庭、社会合力同心。

笔记栏

教师可借助学校广播站、宣传栏的力量，使学生耳濡目染，帮助他们学习，同时也要借助家庭、社会的力量，鼓励学生参加戏曲文化活动，向民间戏曲爱好者、传承人“取经”，让学习和生活紧密结合，构建戏曲学习的生态环境。

第三节 京剧教学内容的评价与养成

音乐作业的特质与考量要素对作业设计、学员检测有重要作用，我们该关注和体现哪些要素？

戏曲教学和音乐教学有哪些结合点？教学方式有哪些区别和相同点？

“双减”政策颁布及实施之后，针对“作业”“考试”“评价”，学校进行了大量实践探索，方式和手段纷繁复杂。新艺术课程标准对学业要求和学业质量标准做出了明确指示：“围绕核心素养内涵、课程总目标和学段目标，依据课程的内容要求、学业要求和学业质量标准，进行全面、综合的评价，既要关注学生掌握艺术知识、技能的情况，更要重视对价值观、必备品格、关键能力的考查。”

一、音乐作业的特质与考量要素

（一）注重素养、活动体验

综合素养有助于培养学生在多学科、多能力发展中的思维灵活性，同样的知识在不同学生、不同能力需求中体现的结果不一样。无论是从哪个角度学习、了解、创作音乐，或使用乐器表现音乐，都需要亲身参与、亲自感受，而不能靠单纯的“思考和想象”。音乐活动设计首要考量的元素就是“体验性”，要从单一的“纸质”练习中走出来，更多地去体验和操作，而不是“水中月、镜中花”的假想、假思、假做。

笔记栏

（二）以学促评、重视表现

艺术课程应该坚持“以学促评”的评价策略，关注学生的进步，捕捉、欣赏、尊重学生有创意的、独特的表现。围绕学生艺术学习的实践性、体验性、创造性等特点，注重观察、记录学生艺术学习、实践、创作等活动中的典型行为和态度特征。作为专业的小学音乐教师，不能把自己定义为“教唱歌的人”，更不能定义为“炫专业的艺术家”，评价要结合艺术的特性，体现长期的、养成的策略。

（三）课堂延伸、多元评价

课堂评价与作业评价是教育教学的重要组成部分，评价内容包括学生在学习过程中的行为表现、学习态度、课堂学习阶段目标的达成情况等方面。评价活动的设计应注重素养立意，体现开放性、情境性、整合性，难度合理，类型多样，可包括独立完成型与团队合作型、书面型与活动实践型、巩固练习型与创意实践型，也包括共性化作业与个性化作业。评价既要关注结果，如实物作品、视听表演、数字化编创作品等，也要关注过程，如方案策划、素材收集、创意构思等。

二、实例简述京剧作业设计的思路和过程

（一）内容简述

《京调》是根据京剧西皮原版和西皮流水音调改编的一首民族管弦乐曲，乐曲采用清脆明亮的竹笛领奏，模拟京剧唱腔，配以轻快流畅的伴奏音型，构思别具一格。作品的内容关注京剧表演的四门功课：唱、念、做、打，同时设计了相应的实践活动，要求学生模唱主题旋律，感受京剧唱腔的韵味，熟悉京剧中的传统代表乐器。活动以“感知 — 发现 — 体验 — 表现”为路径，支持学生通过多种途径了解、探究、递进学习，帮助学生全面地认识、感受、体验京剧文化。

（二）实施过程

1. 课前活动：自“查”自“视”

内容涉及的文化背景、戏曲要素、乐器分类众多，教师要合理定义学生的能力。课前积累活动以个人为单位，完成“障碍自检、自清”的准备工作。

资料收集：通过查询网络、查阅书籍、请教家人，了解下面的乐器，完成表 9–3 的填写。

笔记栏

表 9-3　了解乐器

	竹笛	二胡	锣	鼓	镲
“长”什么样?					
怎么演奏?					
有哪些分类?					
找一段京剧听一听，你听出了哪些乐器演奏的声音？涉及了什么人？什么事? 推荐曲目:《苏三起解》《包龙图打坐开封府》《甘洒热血写春秋》					

活动时间控制在 10 分钟以内，不增加课业负担，以资料整理、了解为主，借助姊妹学科的力量，形成“综合能力”认知。给学生创造聆听、了解京剧的机会，活听、多听、有画面地听，接触经典作品，了解京剧常识，感受京剧表演的神韵。

2. 课后活动:“活”检活“测”

活动以家庭为单位，关注及利用家校力量，契合内容的要求和特质，对“行当”“锣鼓经”“亮相”等知识点做有效的实践。

活动内容：“家庭梨园会”，哼唱《京调》主题旋律或乐句，听一听家人给出的建议。要求用手机录音或拍摄成小视频，分享到班级群；出几个小题目考考家长。

家校互评活动以家庭为活动单位，更容易激活学生的自信心。延续课前活动的要求和相关内容，注重考量活动的持续性，以“自我表现”作为构建核心，挖掘家校共育的可行途径和模式，借助现代科技设备对活动形成记录和反馈，促进知识和能力的转化和消化。

3. 实践活动：寻访戏曲艺人

以学生团队作为实践基础，活动辐射面较广，关注乐器演奏者、寻访戏曲表演者，形成“身边的、自然的、本土化的”戏曲学习认知。寻访中的见闻、感受、思考会直接作用于学生的艺术感受，记录和收集到的资源会回到学校、汇集于教室。活动以小组为单位，关注或打听身边谁会演唱京剧或会演奏京剧乐器（二胡、锣、鼓、镲），在组内交流信息。约定采访时间，撰写采访提纲，准备录音、录像设备，和组员拜访京剧艺人，采访并记录他们的表演。结合本土的特点，组织合理有序，兼顾可持续发展，形成“长期和短期”交织的立体形态。

三、戏曲教学中激活学生兴趣的“另类”方式

笔记栏

（一）教学中落实体验式德育

德育有广义和狭义之分，广义的德育泛指对所有社会成员在政治、思想、道德、品行方面的影响和教育活动，狭义的德育特指学校及教育者对受教育群体有计划、有目的、系统地实施品德教育活动。针对不同年龄学生、不同学校等的差异，实施的德育教学活动具有通识性原则：导向性原则、疏导原则、尊重性原则、连贯性原则、因材施教原则。体验式德育是在通识性原则的基础上，根据区域、年龄、心理提出的尝试。京剧的很多剧目都是基于历史事件改编和加工而成的，内容表现出强烈的爱憎情感，正面人物身上散发的都是正义与良知，反面人物则代表了邪恶与丑陋，这些外显形象很符合这阶段学生的“三观”培育需求。比如经典的故事人物杨子荣、李铁梅等艺术形象是正面积极的代表，教师可以借助这些形象及事迹开展爱国主义教育，在音乐中体现出的潜移默化的教育效果是“说教类”品德课所不能替代的。众多经典曲目如《岳母刺字》《赵氏孤儿》《将相和》等，都具备深刻的思想内涵，均能丰富、充实、拓宽学生的音乐认知，促进其艺术鉴赏能力和审美能力的提高。7—12 岁是孩子心理发展速度极快的时期，甚至是奠定其终身行为习惯的黄金时期，他们对任何事情都有好奇心、求知欲、探索欲，“闲不住”成了他们最主要的行为体现。德育不能只靠“嘴巴”的限制和强调，好和坏、对和错、方和圆、黑和白都需要教师、家长对其耐心地讲解并引导其体验。

（二）“中国风”元素迎合学生需求

戏曲、诗歌、音乐从我国古代文化的渊源角度看，本身就是一种集合和传承，诗歌与音乐同源于情感和情绪，语言是有声的语言，诗歌是韵律的遗留。诗的音律也是一种音乐，用一种不太显著的方式使朦胧的思想在声音中得到反映。比如诗歌和语言的节奏性，诗歌一方面以它的重复性使人沉浸其中，另一方面又以它的新变性，使读者（听众）的情绪完全与诗人的心灵脉动合拍，从而产生同情共振。戏曲中乐器的使用，让舞台艺术呈现出独有的“中国风”元素，这是德育体系中重要的一环。比如“国风音乐”表达了对中国文化的尊重和弘扬，传统意味浓厚的旋律配以诗情画意的歌词，让人重新审视我们民族的文化与骄傲，如周杰伦的《东风破》《发如雪》《本草纲目》等佳作，嵌入字字句句打动人心的歌词。“戏歌”“戏腔”与流行音乐的嫁接、互融也是一个教学良机，在流行音乐中也不乏戏曲元素渗透的好歌曲，如《说唱脸谱》《北京的桥》《北京一夜》《龙拳》《霍元甲》《中国功夫》《新贵妃醉酒》等。一首广受欢迎的、糅合了戏曲元素并能成为经典的歌曲是离不开歌曲本身所带有的良好历史背景和它完整的故事结构的。

笔记栏

（三）活用教材实现资源重组

艺术类课程，尤其是戏曲课程，不同于文化课，由于多种现实原因，和学生之间的距离渐行渐远。甚至有部分声音充满了驳斥和抵触，偏执地认为“学生戏曲根基不稳，不适合教学”，认为戏曲艺术与学生自有根基、文化积淀有冲突，教学中只能实现对戏曲作品的描述、阐释。作为教育者，我们大可不必只关注艺术自身的意义和属性，也没必要套用写实类艺术的特质来评判戏曲的合理性。戏曲拥有丰富的审美资源，内含生活常理、人之常情、社会常识，其呈现的虚拟美不必与电视剧、电影、话剧等写实艺术来比较，否则难免会出现审美判断的偏差。教学中认可、追求较强的戏曲鉴赏能力储备，在坚持戏曲美学原则的前提下，融艺术品鉴和理论提升于一体的审美判断，尊重戏曲美学，坚守戏曲本体。比如，重组和筛选教学资源就能逃离“纯理论”的怪圈，现行教材内容相对合理，每一册都是以单元内容呈现的，研读教材、分析教材、吃透教材，挖掘、整合教材内涵，在单元内容的范围之内依据学生情况对教材进行重组与选择，创造性地使用教材。教师要根据戏曲特点、教学目标的要求和学生的实际情况进行教材资源的深度开发，将教学内容进行重组，包括对原有内容的增删、引申、扩展等，有意识地开阔学生的视野。在教学中，教师可以选择一小段后配词的唱段作为教学内容，教学设计为集欣赏、演唱与表现于一体的综合课，设计相应的实践活动，要求学唱主题旋律，感受戏曲唱腔、表演神韵，体验乐器演奏等，促进学生了解、感受、学习戏曲的综合兴趣，形成“养技”的过程。

《义务教育艺术课程标准（2022 年版）》要求，评价要在高效与简洁之间取得平衡，平衡点除了在课堂教学中体现，还在于关注学生的养成和成长。戏曲教学如果只是单纯地强调基础知识与技能训练，评价就会失去客观、公正。在尊重教育方针、教育法律法规、国家课程标准等规定的前提下，减去累赘和烦琐，体现高效、灵活的原则。评价体现核心素养的“质性”，结合不同学段，体现素养表现特征之间的差异性，而不是“量”的要求。

总结与反思

思维导图

请你将本章所学内容加以总结，用思维导图的形式画在下方。

工学结合

笔记栏

1.同学们分小组讨论以下问题：

（1）《新艺术课程标准（2022年版）》为什么会把戏剧（含戏曲）纳入新课程体系？

（2）请你结合自己的专业，谈一谈在戏曲教学中你遇上了哪些难题？解决这些难题的可行途径是什么？

（3）戏曲教学的评价方式和以往音乐学习的评价方式有什么异同？你有什么好的建议和创新方式？

笔记栏

2. 本章学习了“小学戏曲教学的意义与实例解析”，今后在实践教学中你会如何实施与贯彻？

学习评价

评价内容	评价指标	分值	学生自评	教师评分并点评
过程与方法	1. 阅读专业的戏曲书籍，通过网络观看、聆听部分剧目 2. 结合现行教材，思考教学的切入点和结合点 3. 从生活中找到戏曲教学的资源	30		
知识与技能	1. 加深对中国戏曲在小学艺术发展作用中的认识 2. 提升自己的专业技能 3. 对戏曲教学的方式和评价有思考和方向	30		
音乐与生活	1. 关注生活中的戏曲艺人，发现及了解对应的曲艺技能 2. 了解部分戏曲的故事内容，汲取其中的思想、文化、德育力量	40		
总评		100		

拓展阅读

《董每戡戏剧学研究》，段金龙，山西师范大学。

《“中国戏剧史学”理论体系初探》，季芳、董每戡，上海戏剧学院。

《中小学教育戏剧的理论与实践研究》，付钰，中国戏剧出版社。

第十章

小学课外音乐活动

素质目标

1. 能够提升学生的音乐素养，促进学生心理健康发展，丰富审美体验。

2. 能够培养学生的音乐爱好和能力，提升学生的音乐审美能力和人文素养。

3. 能够让学生主动参与课外音乐活动，丰富校园文化和学习生活，提高音乐表现能力和创造能力。

知识目标

1. 了解小学课外音乐活动的内涵及意义。

2. 了解小学课外音乐活动的内容与形式。

3. 了解小学课外音乐活动的组织与实施。

技能目标

1. 掌握小学课外音乐活动的组织与实施。

2. 掌握学校合唱团及乐队选拔与训练的方法。

3. 掌握分析课外音乐活动的总结与反思。

情感目标

1. 通过开展课外音乐活动，调动学生对音乐活动的兴趣并参与丰富的校园音乐活动。

2. 通过开展课外音乐活动，引导学生产生审美、创意、文化理解等音乐感受。

3. 通过开展课外音乐活动，感受音乐活动的表现力，培养学生热爱音乐的习惯。

课外音乐活动是指课堂教学以外的各种音乐教育活动，它是学校音乐教育的重要组成部分。而音乐教育属于美育的范畴，所以课外音乐活动是实施美育的重要内容与途径。

国家高度重视小学义务教育阶段的美育，把美育作为加强社会主义核心价值观的重要载体，是传承中华民族传统文化和实施立德树人根本任务的重要途径。积极推进小学课外音乐活动，提升小学生的音乐审美能力和人文素养，在小学开展课外音乐活动有着重要的现实意义。

笔记栏

第一节 小学课外音乐活动的内涵及意义

1. 通过学习，了解小学课外音乐活动的内涵及意义。
2. 围绕本节学习目标，请你简单地概述课外音乐活动的内涵及意义。

音乐教育是以音乐审美为核心的，课外音乐活动怎样提升音乐审美能力和人文素养？请你简单概述。

一、课外音乐活动能提高学生的审美能力和人文素养

音乐课程基本理念要求音乐教育以音乐审美为核心。课外音乐活动是学校实施美育的主要途径。音乐活动能让学生在活动中体验、感受、创造美，能让学生从小树立正确的审美观念和道德情操，学会沟通、配合与帮助，激发他们的想象力和创造力，提高他们的审美能力和人文素养，促进小学生的全面发展。

二、课外音乐活动能培养学生的音乐兴趣和学习爱好

兴趣是最好的老师，兴趣是智力开发的催化剂。小学开展课外音乐活动，要根据学生的年龄特点、兴趣爱好、审美特征来设计，以丰富多彩的活动吸引学生，激发和培养学生的学习兴趣，通过体验音乐活动，提高、巩固和发展他们的音乐兴趣，使他们建立主动学习音乐的愿望，这在学生的成长过程中起到不可低估的作用。

三、课外音乐活动能提高学生的心理素质

课外音乐活动是培养学生良好心理素质的重要途径，这是因为音乐活动有怡情的作用。其一，音乐活动能使人心旷神怡，给人一种愉悦的心理感觉，可以促进人的身心健康。其二，丰富多彩、形式多样的音乐活动，给学生创造机会，可以在活动中展示他们的艺术才华，培养心理素质，树立自信心，也就是以活动促进学生的发展，学生良好的心理素质也会由此得到培养。

笔记栏

第二节 小学课外音乐活动的主要内容与形式

1. 通过学习，了解小学课外音乐活动的主要内容与形式。
2. 围绕本节学习目标，请你简单地概述课外音乐活动的主要内容有哪些。

课外音乐活动的表现形式主要有哪些？你参加过什么音乐社团？有什么感受？请你简单概述。

以活动区域划分，小学课外音乐活动主要分为校内音乐活动和校外音乐活动两种。音乐活动的内容和形式多种多样，在此主要介绍校内开展的音乐活动。一般来说，校内开展的课外音乐活动主要包括主题音乐活动和音乐社团活动两种。

一、小学校内音乐活动

（一）校内主题音乐活动

主题音乐活动是指以节日、庆典为主题的活动。如庆“六一”国际儿童节文艺表演、元旦迎新文艺表演、学校文学节（诗词、文学课本剧）文艺汇演、学校艺术节、学校校庆文艺汇演、校园小歌手比赛、校园音乐会、年级音乐会等。

校内开展的主题音乐活动以学校为主，面向全体学生，满足学生个人发展的需求，有计划地开展，深受学生喜爱。

（二）校内音乐社团活动

音乐社团活动是指学校社团开展的音乐活动。如合唱团、舞蹈团、民乐队、口琴队、竖笛队、电声乐队、铜管乐队、鼓号队等社团举行的活动。

学校根据本校实际情况建立学生音乐社团，学生可以按照自己的兴趣爱好选择活动项目，积极参与，让音乐活动常态化，形成本校学生音乐活动的特色和传统，通过音乐活动提升学生的审美能力和综合素质。

笔记栏

二、小学校外音乐活动

校外开展的音乐活动主要有：学生艺术展演活动、社会音乐教育活动、观赏专业团体演出和家庭音乐教育活动。

校外音乐活动是课外音乐活动向校外的延伸，结合家庭、社会音乐教育机构组织举办的音乐教育活动，学生、家庭可以根据喜好选择参加，让学生在生活中体验音乐、学习音乐、表现音乐、创造音乐，掌握音乐技能，陶冶情操，提高学生的音乐修养。

第三节 小学课外音乐活动的组织与实施

1.通过学习，了解小学课外音乐活动的组织与实施。

2.围绕本节学习目标，请你简单地概述课外音乐活动的组织与实施有哪些方法？

如何组织学校合唱团？如何训练？你参加过合唱团吗？有什么感受？请你简单概述。

小学课外音乐活动是校园文化活动的一个重要组成部分，要评价一所学校的办学效果，校园课外音乐活动是一项关键的指标。

组织校园课外音乐活动，学生参与人数多，一方面能凝聚人心、能展示学校形象和提高学校知名度以及办学文明程度，对宣传校园文化有促进作用；另一方面对学生的人生观、价值观的形成有着潜移默化的影响，这种在活动中产生的作用和影响，是学生在课堂中无法学到的。

如何组织与实施小学课外音乐活动？下面主要介绍合唱团、乐队的组织与实施方法。

笔记栏

一、小学课外合唱团的组织与实施

（一）小学课外合唱团的组织

合唱团是学校最常组织的音乐社团，在小学阶段，合唱团为童声合唱团。严格说来，童声合唱团可分为三个阶段：第一阶段，童声前期，学生年龄 6—8 岁，这一时期可着重对学生进行合唱多声部基础训练，将高、中、低三个基本声部进行和声听觉的训练，这种训练对合唱团团员今后的音乐实践很有帮助；第二阶段，童声成熟期，学生年龄 9—12 岁，这一时期的团员经过训练后，可以排练稍复杂的合唱作品，是学校合唱团的主力；第三阶段，童声后期，学生年龄 12—15 岁，此时期属于儿童与少年青春期的衔接阶段，团员音乐表现力强，是童声合唱的高峰期，处于此阶段的合唱团习惯上被称为少年合唱团。

1. 小学合唱团团员选拔的要求

（1）兴趣爱好

兴趣是最好的老师。要选拔对唱歌有兴趣、有热情、有集体荣誉感、有合作精神的学生参加学校合唱团。

（2）音乐素质

要求学生具备一定程度的音准、节奏把握能力以及良好的音乐理解力和音乐记忆能力。

（3）嗓音条件

声音本质较好，干净、圆润、嗓音自然、不出现白嗓、喊歌、鼻音太重等毛病。

（4）声音要求

声音有张力，控制力强，既能唱大声，也能控制唱小声。

（5）音色

音色明亮、清脆、甜美、柔和、厚实，具有此年龄段的声音特点，个性特别的音色尽量少用，因为不利于声音的和谐统一。

（6）音域范围

根据儿童身心健康发展规律，所选学生应能驾驭童声合唱团常规的音域范围。

常规的音域范围如下：

高声部音域：c^1 — g^2

高声部音域范围：

中声部音域：b — d^2

中声部音域范围：

笔记栏

低声部音域：g — b^1

低声部音域范围：

总而言之，合唱团团员要选择有良好嗓音、良好乐感、良好音乐听觉、良好音准和节奏感的学生。

2. 小学合唱团团员选拔的方法

小学合唱团团员的选拔方法多种多样，要选择最简单、最高效的方法。一是唱音阶，从小字组的D调开始唱，向上或向下延伸；二是听音模唱，教师在键盘上弹奏单音程，让学生轻声模唱出来，了解学生的音准和节奏感；三是唱歌，自由选唱一首歌曲，这样可以了解学生真实的嗓音情况。

3. 小学合唱团中声部的划分

小学生处在儿童成长期，大部分还没变声，声音性别差异不大，因此小学合唱以二声部和三声部合唱为主。合唱团声部是根据合唱团团员的音色、音域、音准等特点来划分的，主要以高、中、低为基础，分别为童高音、童中音、童低音三种。

高声部主要担任主旋律声部，旋律性强，相对来说好唱些，高声部要求音色明亮、柔和，音域宽广；中声部是内声部，音色柔和，结实而有力量，同时又可以作为高音音色的补充，以担任内声部和声为主；低声部要求音色浑厚、结实而温和，常担任基础声部，因为演唱的旋律线条不明显，因此对音准要求较高，音准概念差的学生不宜安排在低声部。

4. 小学合唱团的规模

合唱团的规模一般是由作品和人数来划分，60 人以上的为大型合唱团，中型合唱团人数为 40—60 人，小型合唱团人数为 20—40 人，目前国际性合唱比赛中多为 40 人以下的小型合唱团。在小学组建合唱团，学生的流动性较大，因此，合唱团每年都要吸纳新团员入团，在人数方面一般以 40 人左右为宜。

以 40 人合唱团为例，高、中、低三个声部的人数比例为 4∶3∶3（高声部 16 人、中声部 12 人、低声部 12 人）。根据这个人数比例，加倍扩大或缩减各个声部，就可以组织不同规模的合唱团了。这样的人数比例唱出的声音比较均衡，若有个别大音量的学生，可根据现场声部音量的均衡来调整。

5. 小学合唱团队形的排列

一般来说，合唱团队形的排列，19 世纪 80 年代是以站“长城式”的队形比较

笔记栏

5. 小学合唱团队形的排列

一般来说，合唱团队形的排列，19 世纪 80 年代是以站“长城式”的队形比较多，进入 20 世纪后，队形变化丰富多样，有方块式的、图形式的、根据歌曲内容表达意境造型的、肢体动作互动式的，等等。合唱团站队，往往高声部在指挥的左侧，指挥的正对面是中声部，指挥的右侧是低声部。总之，演唱不同的曲目，可以采用不同的队形排列方法，这样有利于指挥，有利于演唱，有利于合作，有利于取得更好的演唱、和声、舞台等效果。

（二）小学课外合唱团的实施

经过组织选拔团员，完成了合唱团的组建工作，紧接着就是教师去实施合唱团的工作。开展实施合唱团工作的主要环节有以下几个方面。

1. 更新观念，提高认识

学校领导要更新观念，教师要提高认识，重视开展合唱团活动。

2. 制订活动方案

起草活动方案，有的学校可能是部门负责，有的学校也有可能是音乐教师负责，不管是谁负责起草方案，拟好活动的主题、明确活动的目的、计划好活动的内容、落实好活动的实施过程，活动所涉及的人和事都要在方案中体现，尽量周全，避免在活动实施过程中出现问题。

3. 相互合作

开展活动，光有一股热情不行，还得相互合作。在学校，管教学的是教务处，管学生品行的是德育处，还有年级组、班主任以及其他任课教师；学校开展合唱训练，学生人数比较多，小学都是义务教育阶段的普通学校，不会有艺术特长班，所以参加活动的学生来自学校各年级、各班，如果没有大局意识，其他部门不相互配合支持，活动是很难开展的。

4. 资源利用

根据活动所需，充分利用各方资源，如社会、社区，学校友好企事业单位、家长等，借多方力量为活动出资、出力，提高合唱团的质量。

总之，课外合唱团的开展，关键在于教师的组织和实施。教师掌握科学的方法，有计划、有目标，合唱活动的实施才会有事半功倍的效果。

二、小学课外乐队的组织与实施

（一）小学课外乐队的组织

1. 民族乐队

中国民族乐队有着极为悠久的历史，可根据乐器性能、发音原理及音色特点将

笔记栏

民族乐队分为四个乐器组。

（1）弓弦乐器组：二胡、板胡、高胡、低胡、京胡等。

（2）弹拨乐器组：琵琶、三弦、大阮、中阮、柳琴、月琴等。

（3）吹管乐器组：唢呐、笛子、笙、管子、箫等。

（4）打击乐器组：鼓、板鼓、大锣、小锣、小镲、木鱼等。

学校要组织民族乐队，领导必须重视，因为要有资金投入，要有师资力量和科学管理。就目前义务教育阶段学校的条件，大部分学校较难开展。如果学校一时达不到组建民族乐队的条件，建议从小型乐队开始，如组织弓弦乐器组的二胡乐队、弹拨乐器组的琵琶小乐队等，因为民族乐队最常用的主奏旋律乐器是二胡、琵琶、扬琴、唢呐和笛子等，学校可以根据情况选择合适的主奏旋律乐器进行尝试，以点带面，慢慢铺开。

2. 天琴乐队

天琴是壮族支系传人的弹拨类弦鸣乐器，历史悠久，形制独特，音色圆润明亮，演奏方式多样，可独奏或为民歌、舞蹈伴奏，也可一人或多人边弹、边唱、边舞，是壮族三月三歌节文娱活动中使用的乐器。

学校组织建立天琴乐队，人数定在20—30人，演奏天琴时可采取坐奏或站立演奏两种姿势。天琴音域广，可达两个半八度以上，有着较为丰富的表现力，让学生常练习单音、双音、打音、长音、顿音和滑音等演奏技巧，注重学生的个性发展，为学生创造音乐实践平台，鼓励音乐创造，弘扬和传承民族音乐。

3. 口琴乐队

口琴是小型吹奏乐器，是通过嘴吹或吸气使金属簧片振动发声的多簧片乐器，主要分为口琴独奏和口琴合奏。教师可以根据本校的实际情况，从班级开始普及，也可从全体学生中挑选，组织建立乐队。学生从简单C调单孔单音口琴学起，在练习时先把口型基本功掌握好，坚持循序渐进的练习方法，只有技巧掌握了，基础扎实了，才可以练习更多的曲目。每次练习完毕，注意维护、保养口琴，保护簧片的清洁。

4. 竖笛乐队

竖笛是欧洲一种历史悠久的木管乐器，它起源于15世纪的意大利，16—18世纪盛行于欧洲各国。竖笛有六孔和八孔两种，非常适合用于课堂器乐教学，因此，竖笛在世界各国通常是中小学生课堂器乐教学中最常见的乐器之一。

我们响应教育部开展的体育艺术“2+1”项目，要求学生掌握一两门课堂乐器，口琴、竖笛这两种乐器体积小、重量轻，方便携带，价格亲民，普通家庭都能接受，所以是课堂学习乐器的首选。小学生建议用六孔竖笛。

笔记栏

5. 电声乐队

电声乐队是以电声乐器为主组成的乐队。主要乐器有电吉他、电贝斯、电子合成器和架子鼓，有时根据音乐作品的需要也可加入少量西洋乐器或民族乐器。电声乐队以演奏通俗音乐和歌曲伴奏为主。这种乐队本应是青年人喜欢的乐队，随着生活水平的提高，开始呈现明显的低龄化，深受小学高年级学生的喜爱。学校把学习电声乐器的学生组织起来成立电声乐队，教师多指导，让他们在校园、社区展示表演，培养他们的自信心，丰富课余生活，培养他们的音乐表现能力。

6. 鼓号队

鼓号队是小学常见的校园乐队之一，经常在少先队活动或庆典活动上表演，是深受学生喜爱的校园乐队。组建鼓号队的具体步骤有：确定鼓号队的规模（大、中、小），购买乐器（鼓、号、镲等），招聘队员，编组分队，制订训练计划，落实训练时间和场地等。鼓号队常见配置如表 10–1 所示。

表 10–1　鼓号队配制表

规模	单元	旗手	护旗手	指挥员	号手	大鼓手	小鼓手	大镲手	小镲手	合计
大型	12 单元	1	2	1	24	12	48	6	6	100
	10 单元	1	2	1	20	10	40	5	5	84
中型	8 单元	1	2	1	16	8	32	4	4	68
	6 单元	1	2	1	12	6	24	3	3	52
小型	4 单元	1	2	1	8	4	16	2	2	36
	2 单元	1	2	1	4	2	8	1	1	20
备注	1. 每支鼓号队设：旗手 1 人，护旗手 2 人，指挥员 1 人 2. 鼓号队一个单元的设备有：号 2 支、大鼓 1 个、小鼓 4 个、镲 1 对 3. 旗杆长度：检阅旗杆 2.6m；大队旗杆 2.1m；中队旗杆 1.8m；小队旗杆 1.5m									

（二）小学课外乐队的实施

1. 学校的重视与支持、教师的精心组织是课外乐队活动有效实施的前提

学校要提高对课外乐队活动的重视程度，建立起相应的激励机制，课外乐队活动才有可能在教师的精心组织策划下顺利实施。

2. 根据学生实际情况，选择合适的人选，分配好乐器，制订实施方案

方案包括指导思想、活动主题、组织机构、时间安排、活动项目、活动安排细则、活动要求、奖励方法等，要做到有计划、有措施、有师资地实施课外乐队活动。

笔记栏

3. 乐队工作的实施，需要学校大量的人力、精力、财力的支持

乐队的一些硬件建设需要学校解决，如训练场所、高端乐器、指导专家等。乐队训练是一项较复杂和细致的工作，要有训练场所，要请专家指导，要学习乐器基本的演奏方法，学习基础的乐理知识。一方面要进行个人技能训练，另一方面要进行集体合奏训练，乐队有不同的乐器，演奏方法与演奏技能各有不同，有条件需聘请专家到学校指导训练。

4. 提高音乐教师业务水平，重视课外乐队活动的设计与组织

音乐教师一定要加强业务学习，关注学生音乐能力与综合能力的发展，坚定有序地组织和实施课外乐队活动，不断完善自己，要有终身学习的信念。

5. 建立先进科学的管理理念，秉持“音乐属于每一个人”的理念

课外乐队活动是学生接受乐器学习的一个好平台。现在的音乐教育变得多元化、开放化，学校需要建立更先进、更科学的教育管理理念，保证有效实施学校乐队实践活动，让校园乐队可持续地、高效地发展，让学生学会一门乐器。

第四节 小学课外音乐活动课例与分析

1. 通过学习，了解小学课外音乐活动的课例与分析。
2. 围绕本节学习目标，请你简单地概述毕业班文艺晚会活动课例与分析。

班级、年级、学校如何组织文艺晚会活动？请你选择某次文艺活动做简单概述。

为了让理论更好地联系实践，此节为一例活动课例与分析。

笔记栏

一、活动主题

“明天会更好”——2019 届小学毕业班文艺晚会。

二、活动目的

小学六年是学生人生旅程的一个驿站，六年的学习生活漫长却又短暂。为了让毕业班的学生留下美好的童年回忆和对学校、教师的感恩之情，同时也为了表达教师对学生美好的祝福，在学生离开校园之际，学校举办了“明天会更好”——2019 届小学毕业班文艺晚会。学校希望以这样一台积极向上的晚会作为学生小学的终点、初中的起点，激励毕业生们怀抱希望，继续努力学习！

三、活动时间

7 月 3 日晚上 8 点。

四、活动地点

学校操场。

五、参加人员

六年级全体师生。

六、活动形式

文艺节目汇演。

七、节目要求

内容健康向上，反映学生爱国、爱校的精神风貌，注重民族特色、学生特点和时代特征，体现思想性和艺术性的统一，有创新思维和视觉效果。

八、活动过程

（1）起草活动方案。包括活动主题、负责领导、活动计划、活动时间、活动要求、音响与灯光、主持人及节目串词、演出服装与场地布置等细节。

（2）节目排练安排。班级节目原则上以各班自己排练为主；教师节目由艺术组教师负责，要求全体六年级教师参加表演节目；家长节目由家委会组织排练。

（3）节目审查。由校级分管领导、德育处、教务处、年级组、艺术组等部门审查节目。审查节目之后，把节目根据类型、风格、人员等进行有效整合，达到更好的视觉和艺术表演效果。

（4）节目彩排。按演出要求进行节目彩排。主持人、节目串词、音响、灯光、舞台布置等全部到位，让学生了解演出流程、熟悉舞台，节目彩排完毕后及时小结。

（5）文艺演出。很多同学是第一次参加演出，没有演出经验，心里既兴奋又紧

笔记栏

张，教师一定要鼓励、表扬学生，肯定学生的节目和表演，让他们放松心情，好好体验和展示自己的艺术才华。

九、构思分析

在构思教师的节目时，要考虑本年级教师的年龄、体型、特长，总之突出平时很少让学生看得到的教师才艺，尽量体现教师最优秀的一面。这是一个有亮点的节目，特点是全体六年级的教师都上台参加表演，体现学校团队的合作和精神风貌。

排练家长节目，要体现学校、家长、学生三方的紧密联系。

准备 1—2 个由学校领导、班主任或任课教师、家长代表、学生组成的节目，由教师和家委会负责排练。

十、细节分析

音乐教师一定要重视演出的音响，因为音响是整个演出活动的咽喉，对音响的要求要高度重视。一定要培训学生正确使用话筒，话筒是交流的重要工具，要会用，要用得灵活。表演所需的话筒要提前去取，候场拿话筒时不能乱说话，因为不小心说话，会影响正在舞台表演的节目，要求演员们一定要严格遵守。培养良好的演出习惯，做一个文明、有素质的人，使活动有序、高效进行。

十一、事例分析

在审查毕业晚会节目时，有三个班级同时排了目前比较受学生欢迎的日韩音乐舞蹈节目，他们节目名称不同，音乐不同，班级也不同，但风格、类型相同，一台晚会为了节目的丰富多样，不能同时出现三个相似的节目，那就需要整合。当告知学生他们的节目需要整合时，学生不乐意了，有情绪，各种不理解，说什么的都有。因为学生是站在他们的角度上看这个节目的，而教师是站在整台晚会的角度上考虑的。这个环节易出现矛盾，教师要坚持审查整合决定，班级节目要求服从学校安排，个人要服从大局。这个过程时间很紧，工作量比较大，教师一定要坚持。尽管学生当时情绪不悦，过后会发现，坚持整合的节目，演出时会达到预期效果，最终学生也会理解并认同教师的做法。

十二、总结与反思

（一）总结

“明天会更好”——2019 届小学毕业班文艺晚会很成功，达到了回顾、感恩、展望的目的。晚会节目积极向上，内容丰富多彩，多数反映校园主题，体现了学生特点和时代特征，师生参与面广。晚会共有 15 个节目，其中学生节目 13 个，教师、家长节目 2 个。节目类型有歌曲类 7 个，舞蹈类 5 个，器乐类 2 个，语言类 1 个。演员的服装、舞美、道具精美；节目安排紧凑。晚会获得了学校领导、家长及师生

笔记栏

的一致好评，这是学校师生和家长共同努力的成果。

（二）反思

本次毕业班文艺晚会活动，在喜看成绩的同时，也存在着一些不足。主要有以下两点。

（1）活动准备时间不够充分。活动只用了五天时间，所以节目可能不是很成熟、很精彩，甚至还存在一些小问题，但“回顾、感恩、展望”的活动目的是达到了。主要是某些细节做得不够细致，没有达到心中预设的标准。

（2）忙着活动的时候，对学生关心不够，如一些没有被选上节目、因排练身体出现小问题的同学等，没有过多时间去做一些安抚工作，下次一定要注意并改进，做一个有温度的好教师。

第五节 小学课外音乐活动小结与反思方法

通过学习，了解小学课外音乐活动的小结与反思方法；围绕本节学习目标，请你简单概述毕业班文艺晚会活动小结。

善思

如何进行活动反思？请你选择某次课外音乐活动进行反思。

一、小学课外音乐活动小结

（一）坚持以审美育人的小结

开展小学课外音乐活动，以习近平新时代中国特色社会主义思想为指导，以审美为核心、育人为宗旨，以落实核心素养为主线。通过开展课外音乐活动，让学生在音乐活动中感受美、表现美、创造美，鼓励学生积极参加丰富多彩的课外音乐活动，提高学生的审美能力和艺术修养。

笔记栏

（二）活动主题设计及实施过程小结

开展小学课外音乐活动，要顺应时代发展，紧跟形势，开展的活动要有一定的导向性和方向性。活动须主题鲜明、内容丰富、形式多样、操作性强，主题设计力求符合儿童音乐认知发展的一般规律，活动要坚持面向全体学生，力求从学生的兴趣爱好出发，贴近学生生活。

活动的实施过程中要积极、主动、认真，活动的步骤环节要清晰，出现问题要及时与学校相关部门沟通与解决，面对一些想参加音乐活动却又担心家长不支持的学生，要给予高度的支持、热情的帮助、恰当的鼓励，为参加音乐活动的学生提供方法指导，做一个有温度的音乐教师，鼓励同学们克服困难和压力，主动参与身边的音乐活动，不断提升学生的艺术表现能力及创意实践能力。

（三）活动目标效果小结

一分耕耘，一分收获，有付出才会有成功。小学生正处在好奇心强、求知欲旺盛的年龄阶段，学校开展的“校园小歌手”“小小音乐家”“课本剧”“校园音乐周”等音乐活动，使学生丰富了审美感知、艺术表现、创意实践、文化理解，学生主动参与身边的音乐活动，兴趣高昂、气氛活跃，活动目标达成，活动效果良好，学生的艺术素养得到了提升。

二、小学课外音乐活动反思方法

（一）活动组织反思

反思活动是否顺应时代发展，学校领导是否重视，社会、家长是否支持。领导重视的态度与支持是开展活动的关键，学校各部门、班主任、家长、同学的通力合作是活动的重要环节，组织学校开展音乐活动离不开学校领导的重视与社会力量的支持，离不开全体教师的协作和同学们的积极参与，强调各部门按活动方案认真执行，让活动顺利进行。

（二）活动过程反思

在目前义务教育阶段“双减”背景下组织开展音乐活动，实施过程中会出现一些阻力和问题，阻力来自社会和家庭，问题出自学校、教师、学生，实施过程中出现的问题要看是思想上的问题，还是心态、时间、专业技术上的问题，分析病因进行把脉看诊，尽快解决问题所在。那些内心喜欢音乐活动但思想顾虑重重，或者“一听就会，一做就废”的情况，就是缺乏教师的专业指导。学生内心是积极的，但外在是忐忑焦虑的，教师应该及时有效地指导、帮助他们，安抚其心理，再加上专业方法指导，让学生感受到音乐活动是有温度的活动。

笔记栏

（三）存在问题反思

开展活动时会碰到一些实际的问题。如时间上的问题，教师要教学，学生要上课，还要完成教师布置的作业，没有过多的时间参与活动。其次是家长方面的问题，家长不支持孩子参加活动，担心孩子参加活动会分心，影响学业，于是会出现有心参加活动却没时间参与的现象。对于这种情况，教师要及时向学校领导反馈，并与学校德育处商议解决办法，对于积极参加、活动表现突出的同学给予精神鼓励，如在周一晨会口头表扬或在活动结束后发荣誉证书、奖励等，想办法调动师生的积极性。探索跨学科主题教研，学习其他学科优秀的做法和经验，要正确面对工作中碰到的困难，细心地向有经验的教师学习，多听、多看、多交流，拓宽活动艺术教育视野，积极提升对不同课程核心素养的发展，自我完善，做学生的引路人和学习榜样，争取在教育教学及课外音乐活动中有更多的创新。

总结与反思

思维导图

请你将本章所学内容加以总结，用思维导图的形式画在下方。

工学结合

1. 与同学讨论：合唱团、电声乐队、鼓号队如何组织与训练？

笔记栏

2. 结合本章学习内容，拟一份以“在阳光下成长”为主题的活动方案。

学习评价

评价内容	评价指标	分值	学生自评	教师评分并点评
小学课外音乐活动的内涵及意义	准确认识小学课外音乐活动的内涵及其在提升审美能力、人文素养、心理素质等方面的积极意义	20		
小学课外音乐活动的主要内容与形式	了解小学课外音乐活动的类型，并能举例说出不同类型的活动课有哪些开展的形式	40		
小学课外音乐活动的组织与实施	掌握小学课外音乐活动的组织与实施方法	40		
总评		100		

拓展阅读

《最美的音乐史》，[德]鲁道夫·赫富特纳、[德]希尔德加德·米勒（著），王泰智、沈惠珠（译），山西人民出版社。

《生活在音乐中》，丹尼尔·巴伦博伊姆，上海音乐出版社。

第十一章

小学音乐教育实习

▶ 素质目标

1. 能具备小学音乐教师的素质。
2. 能具备小学音乐教师的师德。
3. 能具备小学音乐教师的敬业精神。

▶ 知识目标

1. 了解小学音乐教育实习的目的和意义。
2. 了解小学音乐教育实习的内容和组织。
3. 清楚小学音乐教育实习的实施。

▶ 技能目标

1. 能制订小学音乐教育实习计划。
2. 能根据实习计划设计教学活动。
3. 能完整、科学地撰写实习总结。

▶ 情感目标

1. 能激发丰富情感，进行音乐教育实习。
2. 能做好当音乐教师的准备。
3. 能结合教育实习，树立教书育人的信念。

教育实习是师范教育贯彻理论联系实际原则、实现培养目标不可缺少的教学环节，是教学计划中的重要组成部分。这种形式可以使学生把知识综合运用于教育和教学实践，以培养和锻炼学生从事教育和教学工作的能力，并加深和巩固学生的专业思想。

笔记栏

第一节 小学音乐教育实习的目的和意义

通过数据、网络查阅相关研究对《义务教育艺术课程标准（2022 年版）》中课程目标的解读，思考这样的小学音乐教育实习目标设计是从哪些维度着手的，请你简单地概述出来。

小学音乐教育实习具有什么重要的意义？

一、小学音乐教育实习的目的

小学音乐教育实习在整个小学音乐师范教育中占有十分重要的地位，是培养合格的小学音乐教育师资不可缺少的职业训练环节。对师范院校的小学音乐教育专业来说，小学音乐教育实习是一门重要的综合实践必修课程，它既是对音乐师范生思想和业务上的多项综合训练，又是对师范生心理、思想、能力及知识等各种因素的全面检验与提高。小学音乐教育实习在形成音乐师范生合理的知识结构、能力结构以及帮助学生增强对社会、国情、小学学校音乐教育现状的了解，激发师范生对小学音乐教育事业的理解和热爱，培养优良的师德、师能、师艺等方面具有特殊的功能。

二、小学音乐教育实习的意义

小学音乐教育实习是毕业生成为小学音乐教师的必经之路。小学音乐教师是音乐教育的专业人员。当前，在全面实施新课改的重要时刻，需要教师们在教育观念、艺术修养、知识结构、业务能力等方面焕然一新，集教学、科研于一身，成为既有教学实践、又有理论研究，既熟悉教育规律、又了解教学艺术的新型音乐教师。小学音乐教育实习的过程也就是教师成长的过程，新型音乐教师不仅是音乐新课程的执行者，同时又是音乐新课程的建设者。小学音乐教师担负着对学生进行美育的重任，他们的工作虽然清苦、平凡，却是伟大的。小学音乐教师担负的课时很多，还有不少课外音乐活动，课内课外，忙碌不休，因此更需要他们具有不计个人得失、甘于默默奉献的高尚品质。小学音乐教师常常是学校里最受欢迎的教师之一，他们身心活跃、性格开朗、思维敏捷、语言流畅、声音优美；他们服装得体，鲜而不艳、

笔记栏

新而不怪，仪表大方、风度翩翩；他们既是学生的老师，也是学生的知心朋友，还是活跃教师业余生活的组织者与带领者。总之，小学音乐教师应是学校中最生气勃勃、受人欢迎的角色。在“终身教育”的大背景下，在职学习和培训就成了每个音乐教师终身的权利和义务，在进入信息时代的今天，无论是新教师、老教师，只要不学习就会落伍，只有不断学习，才能永远当音乐教育的排头兵。任何一名毕业生，仅靠在学校学的知识应付工作是远远不够的，学校只是打了一个基础，要想做好小学音乐教师的工作，就应在此基础上进一步进行实习。

第二节 小学音乐教育实习的内容和组织

通过学习，了解小学音乐教育实习的内容和组织。

善思

如何组织学校音乐课堂？通过实习，你有什么感受？请简单概述。

一、小学音乐教育实习的内容

小学音乐教育实习的内容包括小学音乐课堂教学、班主任工作及小学音乐教育调查等方面工作。

小学音乐课堂教学应涉及备课、编写教案、试讲、上课、指导实践、课后辅导、作业讲评、考试与成绩评定等各教学环节。

班主任工作应包括了解班级情况、制订班主任工作计划、开展班级日常工作、组织主题班会活动、对学生进行思想品德教育、做个别学生的思想转化工作、对学生进行思想品德教育并开展丰富多彩的班级活动。

小学音乐教育调查包括了解实习学校的历史、现状及贯彻党的教育政策的情况，优秀教师的先进事迹、教育教学经验及教育改革的情况，研究教育对象的心理与生理特点、学习态度与方法、知识结构与智能水平及德智体状况等方面。通过调查，还可以对实习学校的教学工作提出合理的意见与建议。

笔记栏

二、小学音乐教育实习的组织

（一）制订实习计划

制订小学音乐教育实习计划，要注意计划必须丰富翔实，力求使学生在实习期间内遵循全面的小学音乐教育教学实践原则。

小学音乐教育实习计划一般包括以下几个方面。

（1）教育实习的目的与要求。

（2）教育实习的内容。

（3）教育实习的时间安排。

（4）实习学校、实习学生、实习带队指导教师的落实。

（5）教育实习成绩考核标准及办法等。

（二）确定实习形式

小学音乐教育实习的形式，原则上由院（系）统一安排，一般采取教师带队集中实习的形式，也可根据实际情况，采取院（系）分散实习等多种形式。

（三）做好实习总结

小学音乐教育实习结束后，院（系）要对小学音乐教育实习工作进行认真总结，并写出教育实习工作总结报告。

实习生守则

1.实习生必须坚持四项基本原则，讲学习、讲政治、讲正气，热爱教育事业，遵纪守法。

2.实习生应遵照教育实习计划，积极、主动、认真、负责地努力做好各项实习工作。

3.实习生在实习过程中，应自觉遵守教育实习纪律和实习学校的各项规章制度，服从实习学校的统一领导。

4.实习生要讲文明、讲礼貌，虚心接受双方指导教师的指导，尊重实习学校的工作人员。

5.实习生必须按照人民教师的道德标准严格要求自己，树立良好的师德，时时处处为人师表，做到衣着整洁得体，作风正派，与小学生建立正常的师生关系。

6.实习生之间应发扬团结互助的精神，开展批评与自我批评，互相帮助，互相学习，共同提高。

笔记栏

第三节 小学音乐教育实习的实施

通过学习，了解小学音乐教育实习的实施过程。

如何完成小学音乐教育实习的实施？请简单概述。

小学音乐教育实习的实施主要包括以下几个方面：小学音乐教育与教学见习、小学音乐课堂教学工作实习、小学班主任工作实习、小学课外音乐活动工作实习、小学音乐教育实习总结和小学音乐教育实习成绩的评定。

一、小学音乐教育与教学见习

实习生刚刚到达实习学校的第一周，原则上不用上课，实习生必须观摩实习学校优秀教师的示范课并随堂听课。实习生观摩和听课总课时数不得少于4学时，要求必须有详细记录，在带队教师和指导教师的指导下完成以下工作：熟悉教材，了解实习学校与班级的小学音乐教育教学现状，熟悉、了解小学生情况，积极听课，制订小学音乐教学工作和班主任工作计划，上课前写好教案并组织试讲，做好备课工作。

二、小学音乐课堂教学工作实习

小学音乐课堂教学工作实习是小学音乐教育实习的中心环节，其中包括研究教材、备课、编写教案、试讲、讲课、批改作业等主要教学环节。实习生在讲课前必须先进行听课、试讲，经实习学校指导教师认可后方可讲课。在实习期间，实习生每人每周必须完成至少4学时的教案编写。其中本科生必须讲课4—8学时，专科生必须讲课4—6学时。课前准备工作包括备课、试讲等环节，课后延伸工作包括辅导、答疑、批改作业等环节。具体要求如下。

（1）小学音乐课堂教学实习以班级集体课为主要授课形式，教学内容应包括小学音乐感受与鉴赏、小学音乐创作、小学音乐与相关文化等不同领域，并初步掌握小学音乐教学规律。

（2）实习中的备课是教学工作的关键性环节。实习生应认真钻研课程标准和小学音乐教材，了解学生的实际情况，深入研究，确定切实可行的教学目标，在教案

笔记栏

中明确教学的重难点，并精心设计教学过程。写好教案以后，必须要指导教师审查批准，方能上课。

（3）在实习生上课时，指导教师应随堂听课，本小组实习生没有其他工作安排时必须互相一起听课。

（4）在上课结束以后，指导教师应及时点评实习生的上课情况，指导实习生认真分析教学中的优缺点，总结经验，不断提高教学水平。

三、小学班主任工作实习

小学班主任工作实习也是实习工作的重要内容。实习生必须在原班主任和指导教师的指导下进行班主任工作实习。实习生应根据实习学校的工作计划和所在班的实际情况制订班主任工作计划，然后递交给原班主任和指导教师审批后执行。实习生在班主任工作实习中应做好以下工作。

（1）在班级中对小学生进行思想政治教育。根据小学生的心理特点和生理特点，开展形式多样的思想政治教育活动，注意要坚持正面教育。实习生每人每周至少要组织 1 次班会或独立组织 1 次班级活动。

（2）实习生要根据班主任的计划和实习学校的具体要求，做好实习班主任的日常管理工作。

（3）实习生要指导小学生的课外体育、文娱、劳动、科技等活动。

（4）实习生要做好后进生的思想转化工作。严禁体罚学生等粗暴的做法，对后进生要晓之以理、动之以情，以理服人。

小学班主任工作实习应尽量做到一人一班，如果条件所限，不能达到一人一班，也可以采用分段实习的办法进行，应避免两人或三人同时带班，影响实习效果。

四、小学课外音乐活动工作实习

小学音乐教育专业具有其专业的特殊性，在培养学生音乐特长、丰富校园文化生活方面起着积极的作用。所以，课外音乐活动工作实习在实习期间显得非常重要。在小学课外音乐活动中，实习生应组织及辅导校内或班级的合唱队、乐队、舞蹈队等课外音乐活动小组，积极组织音乐会或音乐专题讲座，在活动中提高组织与协调能力。

五、小学音乐教育实习总结

小学音乐教育实习是一个复杂的实践活动，是检验小学教育教学效果的有效手段。小学音乐教育实习对教育教学具有指导意义。

小学音乐教育实习结束时，每个实习生都应总结自己在实习中的收获、体会和存在的问题，征求实习学校指导教师的意见，虚心改掉缺点。同时听取带队教师和本组实习同学的意见，完成总结报告，总结经验，找出差距，提出今后的努力方向。

实习生在实习将结束时，应当把实习中体会最深的要点总结出来，写成教学实习专题总结。总结的内容可以是中小学科教学和教书育人方面的问题，选题宜小不宜大，涉及面宜窄不宜宽，篇幅要适度，材料要熟悉。撰写专题总结应当早准备、早动手，从实习一开始就收集、积累材料，按时完成。具体要求如下。

（1）上交各种材料。包括整理并上交实习鉴定表、实习总结报告、教案本、听课笔记、班主任工作笔记、自制教案、课件等资料。

（2）实习汇报工作。各学院（系）要在实习结束后举办实习汇报活动和优秀实习示范课、公开课展示活动，要求实习生积极参与，同时规定实习生必须上一堂实习汇报课。

小学音乐教育实习结束时，学校院（系）也要进行教育实习工作总结。在各带队教师汇报材料的基础上，拟订学校院（系）教育实习工作总结，此工作由院（系）教育实习领导小组负责完成。小学音乐教育实习工作总结的内容应包括：小学音乐教育实习工作的基本情况，小学音乐教育实习工作质量的分析评价，小学音乐教育实习工作中存在的问题，对学校院（系）及本专业教学工作的改革意见和建议。

六、小学音乐教育实习成绩的评定

院（系）教育实习领导小组负责制定小学音乐教育实习成绩的评定方法和标准。小学音乐教育实习成绩的评定是实习结束阶段的重要内容，各院（系）教育实习领导小组、指导教师、实习学校和实习生必须重视这一环节。

（一）实习个人鉴定

按照评定标准，实习生本人根据自己在实习全过程中的表现和体验，进行自我鉴定。

（二）实习小组评定

在个人鉴定的基础上，以实习小组为单位，结合在实习全过程中的个人表现，进行实习小组评定。

（三）实习指导教师评定

实习学校的指导教师和各院（系）派出的实习带队教师，各自根据实习生在实习全过程中的表现，按照评分标准进行评分，写出评语，填入《小学音乐教育实习成绩评定表》。

（四）实习学校对实习生综合能力的评价

实习学校对每名实习生的综合能力给出评价，填入《小学音乐教育实习成绩评定表》。

笔记栏

（五）各院（系）教育实习领导小组评定

根据实习个人鉴定结果、实习小组评定结果、实习指导教师评定结果、实习学校对实习生综合能力的评价结果，结合实习生的日常表现，各院（系）教育实习领导小组评定实习生最终的实习成绩，填入《小学音乐教育实习成绩评定表》。按照评定项目及标准填写各项指标，对实习生进行实习等级评定，表中的评定等级按“优、良、合格、不合格”四级评定。实习等级评定为“不合格”的实习生不能毕业。

总结与反思

思维导图

请你将本章所学内容加以总结，用思维导图的形式画在下方。

工学结合

1. 与同学讨论：小学音乐教育实习的内容和任务包括哪些方面？

2. 在小学音乐教育实习的实施过程中，实习生应该注意哪些问题？

笔记栏

学习评价

评价内容	评价指标	分值	学生自评	教师评分并点评
实习个人鉴定	自我鉴定	20		
实习小组评定	实习小组评定	30		
实习指导教师评定	按照评分标准进行评分	50		
总评		100		

拓展阅读

《中学音乐教育实习行动策略》，尹爱青，东北师范大学出版社。

《音乐学科教育实习指南》，芦康娥，陕西师范大学出版社。

《师范生教育实习指南》，高鸿源、赵树贤、魏曼华，北京师范大学出版社。

第十二章

教师资格考试

▶ 素质目标

通过实施教师资格考试，考查申请人是否具备教师职业道德、基本素养、教学能力和教师专业发展潜质。

▶ 知识目标

1. 了解教师资格考试的各项规章制度及考试意义。

2. 了解教师资格考试大纲的内容。

3. 了解教师资格考试的科目及方法。

▶ 技能目标

1. 熟悉笔试类的考试科目、试卷结构及考试题型。

2. 熟悉面试类的考试形式和内容。

▶ 情感目标

通过系统科学的复习，备考教师资格考试，学会正确面对学习压力与焦虑，端正考试态度，提高心理承受能力，对考试的内容与过程有一定的预判性，以平稳的心态积极地面对考试。

本章将教师资格考试的所有内容进行了梳理，对教师资格考试的制度及意义进行了简要概括，详细地说明了教师资格考试大纲的内容，并将教师资格考试分为笔试和面试两部分，分类进行了详细阐述与说明。

笔记栏

第一节 教师资格考试概述

了解教师资格考试的各项规章制度。

思考参加教师资格考试的目的及意义。

教师资格考试是各省教育厅根据教育部为保证师资质量，在教育系统实行教师准入制度的要求设置的一项考试，面向对象是大中专毕业生。教师资格制度是国家对教师实行的一种法定的职业许可制度；教师资格是国家对准备进入教师队伍，从事教育教学工作人员的基本要求；教师资格制度规定了从事教师职业必须具备的基本条件。《中华人民共和国教育法》和《中华人民共和国教师法》明确规定，凡在各级各类学校和其他教育机构中从事教育教学工作的教师，必须具备相应的教师资格，没有相应教师资格的人员不能被聘为教师。国家实行教师资格制度后，只有具备教师资格（持有国家颁发的教师资格证）的人，才能被聘任或任命担任教师。

教师资格是国家对专门从事教育教学工作人员的基本要求，是公民获得教师职位、从事教师工作的前提条件。国务院在 1995 年 12 月 12 日颁布的《教师资格条例》中首次明确规定：“中国公民在各级各类学校和其他教育机构中专门从事教育教学工作，应当依法取得教师资格。”这则条例对我国教师资格考试的条件、内容、分类以及教师资格证的认定与管理工作等都作出了详细的规定。教师资格考试最本源的目的就在于能够更快、更好地促进我国教师队伍质量的提高，为学生提供与时代进步相匹配的教育。教师资格考试分为笔试和面试两部分。笔试采用计算机考试和纸笔考试两种方式。2012 年试点，幼儿园、小学教师资格考试笔试所有科目采用计算机考试，其他类别采用纸笔考试。参加计算机考试的考生在计算机上作答，参加纸笔考试的考生在答题卡上作答。笔试各科考试成绩合格，才能参加面试。面试采用结构化面试、情景模拟等方式进行，考生通过抽题、备课、试讲、答辩等环节完成面试。教师资格证是教育行业从业人员的许可证，2015 年 1 月 1 日起，教师资格考试将不再区分师范生和非师范生，所有要从事教师职业的人员，一律参加全国统考。

笔记栏

一、教师资格制度

教师资格制度是国家对教师实行的法定的职业许可制度，是一项有关教师资格鉴定和教师资格证书发放的制度，它授权资格证书持有者在教育系统内从事专业活动的权利，是国家对专门从事教育教学人员的最基本要求，是公民获得教师岗位的法定前提条件。它包括以下三个方面的内容：教师资格管理制度，教师资格鉴定制度和教师资格发放制度。

（一）教师资格管理制度

教师资格管理制度是教师资格制度中的一个重要制度。我国《教师资格条例实施办法》中对有关教师资格证书管理规定："各级人民政府教育行政部门应当加强对教师资格证书的管理。教师资格证书作为持证人具备国家认定的教师资格的法定凭证，由国务院教育行政部门统一印制。《教师资格认定申请表》由国务院教育行政部门统一格式。"教师资格认定机构建立教师资格管理数据库，对取得教师资格者的材料归档保存。可见我国教师资格制度的管理者是各级教育行政部门。教师资格法定凭证为《教师资格认定申请表》和教师资格证书。教师资格作为一种法定的国家资格，一经取得，即在全国范围内不受地域、时间限制，具有普遍适用的效力，非法律规定，不得随意撤销。

（二）教师资格鉴定制度

教师资格鉴定制度是教师资格制度的核心内容。它包括三个方面的内容：一是学历要求和能力要求；二是教师资格考试；三是教师资格的试用制度。学历要求和能力要求、教师资格考试、教师试用制度这三方面内容既是教师资格制度的三个方面，又体现出教师资格发展的不同阶段，即由单纯的学历要求（体现定向性培养和课程认可的初级阶段）向前发展到资格考试（体现开放性培养和知识本位的中级阶段），最后走向重视教学实践能力的高级阶段（体现专业化发展和能力本位的思想）。这大体反映了教师资格制度发展的规律。省教育厅认定高等学校教师资格，市教育局认定高级中学教师资格、中等职业学校教师资格、中等职业学校实习指导教师资格，各区、县教育局认定初级中学教师资格、小学教师资格和幼儿园教师资格。

（三）教师资格发放制度

我国教师资格发放制度尚不够完善。我国教师资格制度没有对教师资格做出有效期的规定，教师资格种类简单地按级别划分，分为七个级别：幼儿园教师资格、小学教师资格、初级中学教师资格、高级中学教师资格、中等职业学校教师资格、中等职业学校实习指导教师资格、高等学校教师资格。取得教师资格者可在本级及以下等级学校和机构任教；取得中等职业学校实习指导教师资格者只能在中专、技校、职高或初级职业学校担任实习指导教师。高级中学教师资格与中等职业学校教师资格相互通用。使用假资格证者，一经查出，五年内不得申报。

二、教师资格考试制度

教师资格考试制度是教师资格制度中的重要组成部分，是对具备条件的教师资格申请者在资格认定前所进行的与教育教学密切相关的知识与能力的考核与测试，具体规定考试的对象范围、考试的组织实施等，以此作为教师资格认定的重要条件。教师资格考试制度也是教师资格认证机关对申请教师资格的人员按照一定的标准和程序进行审核的制度，主要包括三个方面的内容：教师资格考试的组织与管理、教师资格考试的内容与形式、教师资格考试结果的时效性。

按照教育部公布的《中小学教师资格考试暂行办法》，2015 年，我国全面推行教师资格全国统考，提高教师入职门槛。办法规定，教师资格考试将实行全国统考，由教育部考试中心统一制定考试标准和考试大纲，组织笔试和面试，并建立试题库。考试将按照高考的要求来组织。

以前的教师资格考试仅考查教育学和心理学知识，改革后的统考增设综合素质、学科教学能力的考查，突出对教育教学实践能力的考查。此外，以前的考试以知识性考题为主，改革后则以实践能力题为主，同时邀请大量一线优秀教师参加命题，广泛使用案例分析、教学活动设计等特色题型，重点考查考生运用所学知识分析和解决教育教学实际问题的能力。

按照教育部的要求，师范毕业生不再直接认定教师资格，统一纳入考试范围。教师资格考试合格证明有效期为 3 年。师范生进入教师资格考试范围，对师范院校教育教学改革形成了倒逼机制，能够促进师范院校调整课程设置，加强对师范生教育实践能力的培养。

三、实施教师资格考试的意义

（一）有利于促进教师专业化的发展

教师资格考试虽然只是教师入职时的要求，但它有效地承接了职前的教师培养和职后的教师专业发展，体现教师职业生涯的历史性成长，使教师专业发展的一体化、终身化得以贯彻，提高了专业发展的有效性。

教师资格考试用特定的标准、公平公开的评价方式，肯定了教师职业的专业性和不可替代性，是教师职业专业化发展的基本条件之一。教师资格考试制度用立法的形式要求教师必须具备优秀的思想品质、较高的科学文化程度、良好的教育教学能力以及健康的身体和心理条件。对教师的这种要求，将明确教师职业的专业性和不可替代性，进一步确立教师职业的法定地位，这有利于提高教师的社会地位，增进社会对教师的尊重，也有利于各级政府制定有关保障教师待遇的法律法规，使教师待遇逐步得到改善，从而使教师素质、教育教学质量进一步提高。

笔记栏

（二）有利于我国教师队伍整体素质的提高

教师资格考试制度的实施必定带动教师职业的竞争，这种行业内的竞争必然使教师更加注重教育学、心理学、教学法等专业知识的学习，有利于体现教师职业的专业特点，使教师地位和队伍素质形成良性循环，带来教师整体素质的提高。教师素质的高低，对其所从事的行业关系重大，只有通过严格的资格审查和考试，才能把好教师从业人员的素质关，把品行不端、学识能力不强者拒之门外。教师资格考试制度作为一种职业准入制度，通过严格的考核与认定程序，严把教师进入的关口，只向那些具备教师资格条件者发放教师资格证书，从而提高教师队伍的素质水平，优化教师队伍。

教师资格考试制度有利于整体提高我国教师素质。一方面，考生必须经过足够时间的学习和准备，方能通过教育教学的知识与技能考试，一定程度上促进教师专业化发展，使我国教师整体素质得到提高。另一方面，实施教师资格考试制度是形成开放式教师培养体系的重要环节和制度保障，有利于形成高质量的教师储备队伍，为教育系统以外的社会优秀人才从教开辟了一条渠道。实行教师资格考试制度，有利于吸收大量社会上有志于从事教师工作的人员，拓宽了师资来源渠道，有利于学校择优聘任教师，这在一定程度上也使我国教师整体素质得到提高。

（三）有利于开放式教师教育体系的建立

教师资格考试制度构成了教师入门的关卡，既是严格的，也是开放的，使有志于从事教师职业的非师范类毕业生和其他行业的优秀人员可以通过教师资格考试的途径来获得教师资格，加入教师储备队伍中。这对于改变教师队伍专业结构的类型、优化教师队伍专业结构的组成必将发挥重要的调节作用。

四、教师资格制度对教师职业专业化的影响

教师资格制度是国家实行的一种法定的教师职业许可制度，是肯定教师职业的专业性和不可替代性，确保教师的专业地位和专业权威的重要保障。建立教师资格制度是促进教师专业化发展的重要措施。美国《霍姆斯报告》曾指出，教师教育要提高自身的专业地位，只能靠颁发反映最高水平和最严格训练的名副其实的教师资格证书。我国教育部人事司也指出，实施教师资格制度是为了使政府、教育行政部门和学校能够依法管理教师队伍，从教师队伍的“入门口”把住质量关；优化教师队伍，促使教师队伍中未达到资格规定的教师努力提高自己的文化知识水平和教育教学能力，提高教育教学质量；吸引优秀人才从教，为教育系统以外的人员从教开辟一条渠道；提高教师的社会地位；体现教师的职业特点，为教师任用走上科学化、规范化、法治化的轨道奠定坚实的基础。

笔记栏

第二节 教师资格考试大纲

乐查

通过网络及相关数据，了解教师资格考试大纲的内容、模块及考试要求。

善思

按照自身的学习习惯制订考试复习方案。

一、考试大纲

教育部考试中心根据中小学和幼儿园教师资格考试标准，制定各科考试大纲。中小学和幼儿园教师资格考试大纲规定了考试内容和要求、试卷结构、题型示例等，是考生学习和考试命题的依据。

全国统考小学教师资格考试大纲（2 科）:《综合素质》考试大纲和《教育教学知识与能力》考试大纲。

面试考试大纲：小学教师资格考试面试大纲。

二、全国统考小学教师资格考试大纲

（一）《综合素质》（小学）考试大纲

1. 考试目标

主要考查申请教师资格人员的下列知识、能力和素养。

（1）具有先进的教育理念。

（2）具有良好的法律意识和职业道德。

（3）具有一定的文化素养。

（4）具有阅读理解、语言表达、逻辑推理、信息处理等基本能力。

2. 考试内容模块与要求

（1）职业理念

①教育观

理解国家实施素质教育的基本要求。

掌握在学校教育中开展素质教育的途径和方法。

依据国家实施素质教育的基本要求，分析和评判教育现象。

笔记栏

②学生观

理解“人的全面发展”的思想。

理解“以人为本”的涵义，在教育教学活动中做到以学生的全面发展为本。

运用“以人为本”的学生观，在教育教学活动中公正地对待每一个学生，不因性别、民族、地域、经济状况、家庭背景和身心缺陷等歧视学生。

设计或选择丰富多样、适当的教育教学活动方式，因材施教，以促进学生的个性发展。

③教师观

了解教师专业发展的要求。

具备终身学习的意识。

在教育教学过程中运用多种方式和手段促进自身专业发展。

理解教师职业的责任与价值，具有从事教育工作的热情与决心。

（2）教育法律法规

①有关教育的法律法规

了解国家主要的教育法律法规，如《中华人民共和国教育法》《中华人民共和国义务教育法》《中华人民共和国教师法》《中华人民共和国未成年人保护法》《中华人民共和国预防未成年人犯罪法》《学生伤害事故处理办法》等。

了解《国家中长期教育改革和发展规划纲要（2010—2020年）》的相关内容。

②教师权利和义务

理解教师的权利和义务，熟悉国家有关教育法律法规所规范的教师教育行为，依法从教。

依据国家教育法律法规，分析评价教师在教育教学实践中的实际问题。

③学生权利保护

了解有关学生权利保护的教育法规，保护学生的合法权利。

依据国家教育法律法规，分析评价教育教学活动中的学生权利保护等实际问题。

（3）教师职业道德规范

①教师职业道德

了解《中小学教师职业道德规范（2021年修订版）》，掌握教师职业道德规范的主要内容，尊重法律及社会接受的行为准则。

理解《中小学班主任工作条例》的文件精神。

分析评价教育教学实践中教师的道德规范问题。

②教师职业行为

了解教师职业行为规范的要求。

理解教师职业行为规范的主要内容，在教育活动中运用行为规范恰当地处理与学生、学生家长、同事以及教育管理者的关系。

在教育教学活动中，依据教师职业行为规范，爱国守法、爱岗敬业、关爱学生、教书育人、为人师表。

（4）文化素养

了解中外科技发展史上的代表人物及其主要成就。

了解一定的科学常识，熟悉常见的科普读物。

了解一定的文学知识和文化常识。

了解中外文学史上重要的作家作品。

了解一定的艺术鉴赏知识。

了解艺术鉴赏的一般规律，并能有效地运用于教育教学活动。

（5）基本能力

①阅读理解能力

理解阅读材料中重要概念的含义。

理解阅读材料中重要句子的含义。

筛选并整合图表、文字、视频等阅读材料中的主要信息及重要细节。

分析文章结构，把握文章思路。

归纳内容要点，概括中心意思。

分析概括作者在文中的观点态度。

②逻辑思维能力

了解一定的逻辑知识，熟悉分析、综合、概括的一般方法。

掌握比较、演绎、归纳的基本方法，准确判断、分析各种事物之间的关系。

准确而有条理地进行推理、论证。

③信息处理能力

具有运用工具书检索信息、资料的能力。

具有运用网络检索、交流信息的能力。

具有对信息进行筛选、分类、存储和应用的能力。

具有运用教育测量知识进行数据分析与处理的能力。

具有根据教育教学的需要，设计、制作课件的能力。

④写作能力

掌握文体知识，能根据需要按照选定的文体写作。

能够根据文章中心组织、剪裁材料。

具有布局谋篇，有效安排文章结构的能力。

语言表达准确、鲜明、生动，能够运用多种修辞手法增强表达效果。

3. 试卷结构

《综合素质》（小学）的试卷结构如表 12-1 所示。

笔记栏

笔记栏

表 12-1　试卷结构

模 块	比 例	题 型
职业理念	13%	单项选择题 材料分析题
教育法律法规	13%	
教师职业道德规范	13%	
文化素养	13%	
基本能力	48%	单项选择题 材料分析题 写 作 题
合 计	100%	单 项 选 择 题：约 47% 非 选 择 题：约 53%

4. 题型示例

（1）单项选择题

①小明在课堂上突然大叫，有的同学也跟着起哄。下列处理方式，最恰当的一项是（　　）

A. 马上制止，让小明站到讲台边

B. 不予理睬，继续课堂教学

C. 稍作停顿，批评训斥学生

D. 幽默化解，缓和课堂气氛

②“五岳”是我国的五大名山，下列不属于“五岳”的一项是（　　）

A. 泰山　　　B. 华山　　　C. 黄山　　　D. 衡山

阅读下面文段，回答问题。

子曰：“学而不思则罔[①]，思而不学则殆[②]。”（《论语·为政》）

【注释】[①]罔：迷惑、糊涂。[②]殆：疑惑、危险。

③下列对孔子这段话的理解，不正确的一项是（　　）

A. 在孔子看来，学和思二者不能偏废，主张学与思相结合。

B. 孔子指出了学而不思的局限，也道出了思而不学的弊端。

C. 光学习不思考会越学越危险，光思考不学习会越来越糊涂。

D. 孔子学与思相结合的思想，在今天仍有其值得肯定的价值。

（2）材料分析题

阅读下面材料，回答问题。

学生王林在学校因同学给他起外号，将同学的鼻子打出了血。班主任徐老师给王林的爸爸打电话，让他下午到学校来。放学时，王林的爸爸刚来到校门口，等在那里的徐老师当着众人的面，第一句话就是：“这么点儿大的孩子都管不好，还用我教你吗？”

笔记栏

问题：

请从教师职业道德规范的角度，对徐老师的做法进行评价。

（3）写作题

请以“我为什么要当教师”为题，写一篇论述文。要求观点明确，论述具体，条理清楚，语言流畅。不少于800字。

（二）《教育教学知识与能力》（小学）考试大纲

1. 考试目标

（1）教育的基础知识和基本能力。具有教育基本理论、学生发展、教师发展、小学组织与运行的基础知识，能够针对我国小学教育教学实践中的问题进行一定的分析和探索。

（2）学生指导的知识和能力。具有小学生身心发展、思想品德发展、医疗、保健、传染病预防和意外伤害事故等方面的相关知识，能够运用这些知识有针对性地设计并实施小学教育的有关活动。

（3）管理班级的知识和能力。具有小学班级管理、班队活动组织以及与学生、家长、社区等沟通的知识，能够运用这些知识设计和组织班级管理活动。

（4）学科知识和运用能力。具有小学有关学科、学科课程标准、学科知识整合的基础知识，能够运用这些知识开展学科教学活动。

（5）教学设计的知识和能力。具有小学生学习需求分析、学习内容选择、小学教案设计、小学综合课程和综合实践活动的基础知识，能够运用这些知识完成指定教学内容的教学设计。

（6）教学实施的知识和能力。具有小学教学组织、教学评价的基础知识，能够运用这些知识分析和开展教学活动。

（7）教学评价的知识和能力。具有小学教学评价、教学反思的基础知识，能够运用这些知识进行教学评价和教学反思。

2. 考试内容模块与要求

小学教育教学知识与能力考试内容主要涵盖教育知识与应用、教学知识与能力两大板块。前者包括教育基础、学生指导和班级管理，后者包括学科知识、教学设计、教学实施、教学评价。能力要求分为了解、理解或掌握、运用三个层次。具体考试内容模块与要求如下。

（1）教育基础

①了解我国小学教育的历史与现状。

②了解我国基础教育课程改革的现状和发展趋势。

③了解教育科学研究的基础知识。

④了解小学组织与运行的基础知识和基本要求。

笔记栏

⑤了解有关教育学、心理学的基础知识。

⑥理解小学教育的基本特点。

⑦掌握小学教育研究的基本方法。

⑧掌握教师专业发展的基础知识。

⑨能够运用相关知识对小学教育教学实践中的问题进行一定的分析。

（2）学生指导

①了解小学生身心发展的一般规律和特点。

②了解小学生的认知特点以及学习兴趣培养、良好学习习惯养成的一般方法。

③了解小学生思想品德发展的基本规律和特点。

④了解小学生医疗、保健、传染病预防和意外伤害事故的相关知识。

⑤掌握指导小学生学习的主要方法。

⑥掌握小学生德育、美育和心理辅导的基本策略和方法。

⑦能够根据小学生的学习规律和个体差异，有针对性地指导学生学习。

⑧能够遵循小学生的身心发展规律，有针对性地开展德育、美育和心理辅导工作，促进小学生全面、协调发展。

（3）班级管理

①了解小学班级管理的一般原理。

②了解小学班主任的基本职责。

③了解小学班队活动的基本类型。

④了解小学课外活动的基本知识。

⑤掌握小学班级管理的基本方法。

⑥掌握组织小学班级活动的基本途径和方法。

⑦能够针对班级实际和小学生特点，分析班级日常管理中的现象和问题。

⑧能够整合各种教育资源，组织有效的班队活动，促进小学生健康成长。

（4）学科知识

①了解小学有关学科的基础知识、基本理论和学科发展的重大事件。

②了解小学有关学科课程标准的主要内容和特点。

③掌握小学有关学科课程标准的内容领域所涵盖的核心知识及其关联。

④能够针对小学生综合学习的要求，适当整合小学有关学科内容，开展学科教学活动。

（5）教学设计

①了解小学教学设计的基本原则、依据和步骤。

②了解小学综合课程和综合实践活动的基本知识。

③了解小学生在不同学习领域的基本认知特点。

④了解信息技术与小学教学整合的基本途径和方式。

笔记栏

⑤理解已有的生活经验、知识和能力、学习经验对新的学习内容的影响。

⑥掌握小学教案设计的基本内容、步骤和要求。

⑦能够依据小学生学习规律、小学相关学科课程标准，结合教材特点，合理地确定教学目标、重点和难点，完成指定内容的教案设计。

（6）教学实施

①了解小学课堂教学情境创设的基本方法。

②了解小学生学习动机激发的基本方法。

③了解小学课堂教学组织的形式和策略。

④了解小学生学习方式的基本类型和小学教师的课堂教学行为对小学生学习的影响。

⑤掌握小学课堂教学的基本策略和主要方法。

⑥掌握小学课堂教学总结的基本方法。

（7）教学评价

①了解小学教学评价的基本内容、类型和主要方法。

②了解小学教师教学反思的基本内容、类型和主要方法，以及教学反思对教师专业发展的作用。

③能够针对小学课堂教学设计和实施进行恰当评价。

3. 试卷结构

《教育教学知识与能力》（小学）的试卷结构如表 12–2 所示。

表 12–2　试卷结构

模块	比例	题型
教育基础	20%	单项选择题 简答题
学生指导 班级管理	30%	单项选择题 简答题 材料分析题
学科知识 教学设计 教学实施 教学评价	50%	单项选择题 材料分析题 教学设计题
合计	100%	单项选择题：约 27% 非选择题：约 73%

（注：可根据当前小学教师培养和小学教育教学知识与能力考试的具体情况，在材料分析题和教学设计中分别设置语文、数学等科目的选考内容，考生可任意选择一个科目作答）

笔记栏

4. 题型示例

（1）单项选择题

①在世界教育学史上，被公认为第一部具有科学形态的教育学著作是（　　）

A. 夸美纽斯的《大教学论》　　B. 赫尔巴特的《普通教育学》

C. 杜威的《民主主义与教育》　　D. 布鲁纳的《教育过程》

②课堂导入方式多种多样。通过对旧知识的回忆、复习、做练习等活动，对照新内容，发现新问题，明确学习任务来导入新课。这种导入方式称之为（　　）

A. 直接导入　　B. 练习导入　　C. 事例导入　　D. 温故导入

（2）简答题

①小学生认知的主要特点是什么？

②小学课堂教学常用的组织形式有哪些？

（3）材料分析题

阅读材料，回答问题。

①有一位班主任在介绍班风建设经验时谈道："在我们学校，校长要求班主任在教室'盯班'，及时了解班级情况，适时处理突发事件。只要学生走出教室门、宿舍门都要排队，班主任都要在场。同时还制定了'班主任十到位制度'：学生上课要到；课前打了预备铃要到；学生听广播要到；学生做眼保健操要到；学生上室外课要到；学生去宿舍要到；学生去餐厅吃饭要到；学生生病要到；学生看电视时要到；学生打扫卫生时要到。这一制度的施行，使班风、班纪大为好转。"可是，有的教师却对这种做法提出异议。

问题：

请运用小学班级管理的有关理论分析"班主任十到位制度"。

②请在下述材料中任选其一回答问题。

【材料一】教师在教"相同位数的数"大小比较方法时，请同学比较 3215 和 2145 的大小。有位小女孩站起来说："3215 大于 2145，因为 3215 的最高位是千位，有 3000，2145 的最高位也是千位，是 2000，3000 比 2000 多。"

（教师预设："相同位数的数"比较大小时应从最高位开始）

一个小男孩高声喊了起来："你比较的两个数千位是不一样的，如果一样了怎么办呢？"

（教师预设：该问题是"相同位数的数"大小比较的重点和难点）

教师示意女孩对男孩的提问进行回答。小女孩有点急了，马上答道："如果千位是一样的，我就比较百位"。"百位也一样了呢？"小男孩继续追问。"百位也一样的话，我就比较十位；十位也一样的话，我就再比较个位。"小女孩一口气把男孩没有问的问题也回答了出来。话音一落，全班同学都为小女孩的精彩回答和小男孩穷追不舍的问题意识鼓掌喝彩！

【材料二】一位初任教师在进行《伊犁草原漫记》教学时，要求学生归纳课文中描写猎人猎熊果敢的词句，但是，有一名学生没有按照教师的要求进行归纳，反而说猎人很残忍，同时指出猎人的猎熊行为是违法的。

原本课文是歌颂猎人的，学生却痛斥猎人的猎熊行为，这是教师始料未及的。这位教师并没有因为学生提出不同观点而气恼或回避，而是因势利导，从保护野生动物的角度出发，让学生充分讨论，发表意见。

【材料三】（具体学科教学片段或案例描述略）

问题：

请结合所选择的材料谈谈你对小学教学中预设与生成及其关系的理解。

（4）教学设计题

【材料一】“周长的认识”（具体教学内容略）。

【材料二】“汉语拼音·认识汉字”（具体教学内容略）。

【材料三】（具体学科及其教学内容略）

请在上述材料中任选其一，就课堂教学目标及某一教学环节（如课堂导入、讲授新知等）进行教学设计。

（三）小学教师资格考试面试大纲（试行）

1. 测试性质

面试是中小学教师资格考试的有机组成部分，属于标准参照性考试。笔试合格者，参加面试。

2. 测试目标

面试主要考察申请教师资格者应具备的新教师基本素养、职业发展潜质和教育教学实践能力，主要包括：

（1）良好的职业道德、心理素质和思维品质。

（2）仪表仪态得体，有一定的表达、交流、沟通能力。

（3）能够恰当地运用教学方法、手段，教学环节规范，较好地达成教学目标。

3. 测试内容与要求

（1）职业认识

①热爱教育事业，有较强的从教愿望，对教师职业有正确的认知，能清楚了解教师工作的基本内容和职责。

②关爱学生，具备从事教师职业应有的责任心。

（2）心理素质

①乐观开朗，积极上进，有自信心。

②具有一定的情绪调控能力，不偏激，不固执。

③能够冷静地处理问题，具有较强的应变能力。

笔记栏

（3）仪表仪态

①行为举止自然大方，有亲和力。

②衣饰得体，符合教师的职业特点。

（4）言语表达

①教学语言规范，口齿清楚，语速适宜。

②表达准确、简洁、流畅，语言具有感染力。

③善于倾听，并能做出恰当的回应。

（5）思维品质

①思维严密，条理清晰，逻辑性强。

②能正确地理解和分析问题，抓住要点，并及时做出反应。

③具有一定的创新意识，在解决问题的思路和方法上有独到之处。

（6）教学设计

①能够根据课程标准处理教学材料，确定教学目标，突出重点和难点。

②能够基于小学生的知识基础和生活经验合理设计教学活动。

③学生活动设计有效，能引导学生通过自主参与、合作探究的方式达成学习目标。

（7）教学实施

①教学结构合理，条理清晰，能较好地控制教学节奏。

②知识讲授准确，能基本完成教学任务。

③能根据学生认知特点和学科教学规律，选择恰当的教学方法，有效激发学生的学习动机。

④能根据教学需要运用教具、学具和现代教育技术辅助教学。

⑤板书工整规范、布局合理。

（8）教学评价

①能够采用恰当的评价方式对学生的学习活动作出反馈。

②能对自己的教学过程进行反思，做出比较客观的评价。

4. 测试方法

采取结构化面试和情景模拟相结合的方法，通过抽题备课、试讲、答辩等方式进行。

考生按照有关规定随机抽取备课题目进行备课，时间 20 分钟。接受面试，时间 20 分钟，回答考官提问。考官根据考生面试过程中的表现进行综合性评分。

5. 题型示例

（1）歌曲《小事情》试讲教学设计

要求：

①配合教学内容适当板书。

笔记栏

②教学过程须有提问环节。

③试讲时要体现师生互动。

④试讲时着重讲清楚歌曲表达的道理。

（2）歌曲《踏雪寻梅》试讲教学设计

要求：

①配合教学内容适当板书。

②教学过程须有提问环节。

③试讲时要体现师生互动。

④试讲时要表现双声部合唱环节。

第三节 小学音乐教师资格考试概要

一、考试目的

通过实施教师资格考试，考查申请人是否具备教师职业道德、基本素养、教育教学能力和教师专业发展潜质。严把教师入口关，择优选拔乐教、适教人员取得教师资格。

二、考试性质

小学教师资格考试是由国家建立考试标准，省级教育行政部门统一组织的，实行“国标、省考”的标准参照性考试。

三、考试对象

试点省份内所有申请幼儿园、小学、初级中学、高级中学、中等职业学校教师资格和中等职业学校实习指导教师资格的人员须参加中小学和幼儿园教师资格考试。

试点工作启动前已入学的全日制普通院校师范类专业学生可以持毕业证书直接认定相应的教师资格。试点工作启动后入学的师范类专业学生，申请中小学和幼儿园教师资格应参加教师资格考试。

四、报考条件

中华人民共和国公民；拥护中国共产党领导，拥护社会主义制度；无犯罪记录。

原则上应具备《中华人民共和国教师法》规定的相应学历条件，并应符合本省确定并公布的学历要求。

笔记栏

应届在校生报考中小学和幼儿园教师资格考试应提供学校出具的在籍学习证明。

五、考试方法

中小学和幼儿园教师资格考试包括笔试和面试两部分。笔试部分科目采取计算机考试，部分科目采取纸笔考试。笔试各科成绩合格者，方可参加面试。

六、考试标准

教育部制定并颁布小学教师资格考试标准。考试标准规定了教师教育教学能力的基本要求，是确定考试科目和考试大纲的依据。

七、考试科目

小学教师资格考试科目如表 12-3 所示。

表 12-3　考试科目

笔试科目			面试科目
科目一	科目二	科目三	
综合素质	教育教学知识与能力	音乐专业技能	音乐教育教学实践能力

八、考试大纲

教育部考试中心根据小学教师资格考试标准，制定各科考试大纲。小学教师资格考试大纲规定了考试内容和要求、试卷结构、题型示例等，是考生学习和考试命题的依据。

小学教师资格考试大纲（2 科）：《综合素质》考试大纲和《教育教学知识与能力》考试大纲。

面试考试大纲：小学教师资格考试面试大纲。

九、命题

教育部考试中心负责教师资格考试笔试和面试命题，建立试题库，为各省试点提供试题。

十、命题原则

教师资格考试命题依据考试标准和考试大纲，主要考查申请人从事教师职业应具备的职业道德、心理素养和教育教学能力。突出专业导向、能力导向和实践导向。

十一、考试题型

采用多种类型试题，强化能力考核。

题型分为选择题和非选择题。其中，非选择题包括简答题、论述题、解答题、材料分析题、课例点评题、诊断题、辨析题、教学设计题、活动设计题。在机考科目中还采用了多媒体试题的形式。

十二、考试日期

教师资格考试每年考试日期由教育部公布，请及时关注中小学和幼儿园教师资格考试网站（https://ntce.neea.edu.cn）的最新公告。

十三、考试方式

小学类别的所有笔试科目采用机考，其余科目采用纸笔考试。笔试各科考试时间均为 120 分钟。

面试采用结构化面试、情景模拟等方法，通过备课、试讲、答辩等方式进行。使用教育部考试中心统一研制的面试测评系统。

十四、报名方式

考试实行网上报名。考生可在报名期间登录中小学和幼儿园教师资格考试网站，按照栏目指引进行网上报名。

省级教育考试机构负责考生网上报名、缴费，审查和确认考生信息。

十五、面试考官

面试实行考官主考制度，考官由高校专家、中小学优秀教师、教研机构专家等组成，考官须经过省级或以上教育考试机构统一培训后持证上岗。评审组由 3 名考官组成。

十六、打印准考证

准考证格式由教育部考试中心统一规定。考生可在正式考试前一周登录教师资格考试网站报名系统，自行下载并打印准考证。

十七、成绩查询

考试结束后，国家确定并公布笔试各科成绩合格线。考生可在公布日期后登录教师资格考试网站查询考试成绩。笔试单科成绩两年有效。

十八、合格证明

教育部考试中心为笔试、面试均合格的考生提供《中小学和幼儿园教师资格考试合格证明》。该证明是申请教师资格认定的必要条件。

十九、违规处理

考试违规按照《国家教育考试违规处理办法》（中华人民共和国教育部令第 18 号）处理。

笔记栏

笔记栏

总结与反思

思维导图

请将小学音乐教师资格考试的流程以思维导图的形式画在下方。

工学结合

1. 列举小学音乐教师职业道德及基本素养的相关内容。

2. 明确小学音乐教师资格考试的笔试科目和面试科目内容及考试流程。

笔记栏

学习评价

评价内容	评价指标	分值	学生自评	教师评分并点评
小学音乐教师资格考试概要	1. 了解教师资格考试的各项规章制度及考试意义 2. 了解教师资格考试大纲内容 3. 了解教师资格考试的科目及方法	60		
小学音乐教师资格考试内容	1. 熟悉笔试类的考试科目、试卷结构及考试题型 2. 熟悉面试类的考试形式和内容	40		
总评		100		

拓展阅读

《综合素质 · 小学》，中公教育教师资格考试研究院，世界图书出版公司北京公司。

《教育教学知识与能力 · 小学》，中公教育教师资格考试研究院，世界图书出版公司北京公司。

《国家教师资格考试辅导教材 · 小学教学设计（音乐、体育、美术）》，中公教育教师资格考试研究院，世界图书出版公司北京公司。

参考文献

[1]巴雷特．音乐教育文化心理学[M]．余丹，译．上海：上海音乐出版社，2022.

[2]蔡觉民．音乐课程教学理念与策略[M]．广州：华南理工大学出版社，2003.

[3]曹理，何工．音乐学科教育学[M]．北京：首都师范大学出版社，2000.

[4]曹理，何工．音乐学习与教学心理[M]．上海：上海音乐出版社，2000.

[5]曹理，缪裴言．新课程音乐教学案例评析[M]．北京：高等教育出版社，2005.

[6]曹理．普通学校音乐教育学[M]．上海：上海教育出版社，2001.

[7]陈枫堰．基于学科核心素养的小学音乐欣赏课的构建与实施[M]．北京：现代出版社，2021.

[8]范晓君，王朝霞．学校音乐教育导论与教材教法[M]．广州：暨南大学出版社，2009.

[9]付钰．中小学教育戏剧的理论与实践研究[M]．北京：中国戏剧出版社，2020.

[10]广西壮族自治区课程教材发展中心．音乐 二年级：上册[M]．南宁：接力出版社，2013.

[11]广西壮族自治区课程教材发展中心．音乐 二年级：下册[M]．南宁：接力出版社，2013.

[12]广西壮族自治区课程教材发展中心．音乐 六年级：上册[M]．南宁：接力出版社，2013.

[13]广西壮族自治区课程教材发展中心．音乐 三年级：上册[M]．南宁：接力出版社，2013.

[14]广西壮族自治区课程教材发展中心．音乐 四年级：上册[M]．南宁：接力出版社，2013.

[15]广西壮族自治区课程教材发展中心．音乐 五年级：上册[M]．南宁：接力出版社，2013.

笔记栏

[16]广西壮族自治区课程教材发展中心．音乐 一年级：上册 [M]. 南宁：接力出版社，2013.

[17]广西壮族自治区课程教材发展中心．音乐 一年级：下册 [M]. 南宁：接力出版社，2013.

[18]郭声健．音乐课堂乐乐的·音乐教室 360 书屋 [M]. 广州：暨南大学出版社，2018.

[19]吉联抗．孔子 孟子 荀子 乐论 [M]. 北京：人民音乐出版社，1983.

[20]教育部基础教育司，教育部师范教育司．新课程与学生评价改革 [M]. 北京：高等教育出版社，2004.

[21]金亚文，龙亚君．音乐教学评价 [M]. 长春：东北师范大学出版社，2005.

[22]金亚文．小学音乐教师能力必修 [M]. 重庆：西南师范大学出版社，2012.

[23]金亚文．小学音乐新课程教学法 [M]. 北京：高等教育出版社，2003.

[24]金亚文．音乐新课程的示范教学案例 [M]. 长春：东北师范大学出版社，2003.

[25]刘沛．音乐教育的实践与理论研究 [M]. 上海：上海音乐出版社，2004.

[26]吕海莲．师范高专音乐教育专业小学音乐教学法课程之我见 [J]. 艺术教育，2012（11）: 60.

[27]马东风，田园．音乐教育理论与教法新编 [M]. 北京：中国戏剧出版社，2011.

[28]缪裴言，章连启，汪洋．中小学音乐教育词典 [M]. 上海：上海音乐出版社，2012.

[29]上海市教育委员会教研室．教学与评价的风向标——上海中小学各学科核心素养研究 [M]. 上海：上海科技教育出版社，2018.

[30]上海市教育委员会教研室．上海市小学基于课程标准的评价指南 [M]. 上海：上海教育出版社，2019.

[31]上海中小学课程教材改革委员会．唱游 二年级 [M]. 上海：上海音乐出版社，2005.

[32]沈致隆，齐东海．音乐文化与音乐人生 [M]. 北京：北京大学出版社，2007.

[33]郜方，耿坚．小学音乐教学设计与课例 [M]. 上海：复旦大学出版社，2021.

[34]滕守尧．艺术新课程案例与评析 [M]. 北京：高等教育出版社，2003.

[35]吴跃跃．新理念小学音乐教学法 [M]. 北京：北京大学出版社，2015.

笔记栏

[36]谢嘉幸，郁文武 . 音乐教育与教学法 [M]. 北京：高等教育出版社，2006.

[37]杨鸿年 . 童声合唱训练学 [M]. 北京：人民音乐出版社，2003.

[38]杨立梅 . 综合艺术课程与教学探索 [M]. 北京：高等教育出版社，2003.

[39]尹爱青 . 小学音乐新课程教学法 [M]. 长春：东北师范大学出版社，2005.

[40]尹爱青 . 学校音乐教育导论与教学法 [M]. 北京：人民音乐出版社，2007.

[41]尹爱青 . 音乐课程与教学论 [M]. 长春：东北师范大学出版社，2006.

[42]张树国 . 礼记：中华传世经典阅读 [M]. 青岛：青岛出版社，2009.

[43]赵宋光 . 音乐教育心理学概论 [M]. 上海：上海音乐出版社，2003.

[44]郑莉 . 现代音乐教学理论与方法研究 [M]. 北京：中国文联出版社，2004.

[45]郑莉 . 小学音乐教学策略 [M]. 北京：北京师范大学出版社，2010.

[46]郑茂平 . 音乐教育心理学 [M]. 北京：北京大学出版社，2011.

[47]中公教育教师资格考试研究院 . 国家教师资格考试辅导教材 · 小学教学设计（音乐、体育、美术）[M]. 北京：世界图书出版公司北京公司，2019.

[48]中公教育教师资格考试研究院 . 教育教学知识与能力 · 小学 [M]. 北京：世界图书出版公司北京公司，2022.

[49]中公教育教师资格考试研究院 . 综合素质 · 小学 [M]. 北京：世界图书出版公司北京公司，2022.

[50]中华人民共和国教育部 . 全日制义务教育音乐课程标准（实验稿）[S]. 北京：北京师范大学出版社，2001.

[51]中华人民共和国教育部 . 义务教育艺术课程标准（2022 年版）[S]. 北京：北京师范大学出版社，2022.

[52]中华人民共和国教育部 . 义务教育音乐课程标准（2011 年版）[S]. 北京：北京师范大学出版社，2012.

[53]中华人民共和国教育部课程教材研究所 . 音乐 二年级：上册 [M]. 北京：人民教育出版社，2013.

[54]中华人民共和国教育部课程教材研究所 . 音乐 六年级：上册 [M]. 北京：人民教育出版社，2013.

[55]中华人民共和国教育部课程教材研究所 . 音乐 六年级：下册 [M]. 北京：人民教育出版社，2013.

[56]中华人民共和国教育部课程教材研究所 . 音乐 三年级：上册 [M]. 北京：人民教育出版社，2013.

[57]中华人民共和国教育部课程教材研究所 . 音乐 三年级：下册 [M]. 北京：人民教育出版社，2013.

笔记栏

[58]中华人民共和国教育部课程教材研究所．音乐 四年级：上册[M]. 北京：人民教育出版社，2013.

[59]中华人民共和国教育部课程教材研究所．音乐 四年级：下册[M]. 北京：人民教育出版社，2013.

[60]中华人民共和国教育部课程教材研究所．音乐 五年级：上册[M]. 北京：人民教育出版社，2013.

[61]中华人民共和国教育部课程教材研究所．音乐 五年级：下册[M]. 北京：人民教育出版社，2013.

[62]中华人民共和国教育部课程教材研究所．音乐 一年级：上册[M]. 北京：人民教育出版社，2013.

[63]中华人民共和国教育部课程教材研究所．音乐 一年级：下册[M]. 北京：人民教育出版社，2013.

[64]周文叶．中小学表现性评价的理论与技术[M]. 上海：华东师范大学出版社，2014.

附　录

“小学音乐课程与教学论”课程教学大纲

一、课程概述

（一）课程信息

课程名称	小学音乐课程与教学论
课程性质	选修课程
学分	2
学时	24 理论课时 + 8 实践课时
先修课程	音乐基础、儿童钢琴弹奏等
课程负责人	

（二）课程简介

“小学音乐课程与教学论”是小学教育专业关于小学音乐教师教学理论与实践教学的专业选修课程。本课程的教学宗旨在于指导学生充分利用小学音乐先修课程中已学到的音乐基础知识、键盘弹奏、儿童钢琴伴奏等基本技能，全面系统地学习、了解、熟悉、掌握小学音乐课程教学的基本理论、基本流程、基本环节、基本方法等；实现小学音乐课程教学技能的灵活运用，正确把握小学音乐学科课程教学的科学性，全面提高小学音乐学科的教学实践能力和从师技能，以培养学生达到基本会备课、会说课、会上课、会评课、会研课的课程培养要求，有效助推小学音乐课程教学技能与小学音乐教师岗位相匹配，促进教学相长。

二、课程目标

（一）目标设置

课程目标设置包括课程专业目标和课程思政目标。通过本课程的学习，学生应达到以下几方面的目标。

课程目标 1：在学习小学音乐教学论的基础上，树立正确的教育观、教学观、学生观；培养以学生为中心的教育理念，遵守小学教师职业道德规范，能正面教育、引导、激励、塑造学生；热爱小学教育事业和培养对小学教师职业有高度认同感的教育情怀；强化立德树人的责任感和为党育人、为国育才的使命感。【支撑毕业要求 1“师德规范”和 2“教育情怀”】

笔记栏

课程目标 2：学生能正确地解读《义务教育音乐课程标准（2022 年版）》（以下简称《课标》），较好地掌握小学音乐课程性质、任务和基本内容；了解与《课标》配套的统编版小学音乐教材，理解“课改”的基本观点；了解小学生学习音乐的基本年龄、心理成长规律和特点；了解小学音乐课程教学的基本形式、基本规律、基本过程和基本方法等相关理论知识。【支撑毕业要求 3“学科素养”】

课程目标 3：学生能依据《义务教育音乐课程标准（2022 年版）》，基本有小学音乐教材内容分析能力和教学实践能力，能剖析教材的教学目标和重难点，能根据课堂教学的实际进程灵活地制订与实施教学计划，有效培养学生的艺术审美能力和对传统民族文化的识别、传承和表现能力；形成会备课、会说课、会上课等较为稳定有效的教学能力。【支撑毕业要求 4“教学能力”、5“班级指导”和 6“综合育人”】

课程目标 4：熟练掌握小学音乐教育教学的基本规律和方法，在不同类型的音乐课程和实践活动中做到理论与实践相结合；掌握课堂教学观察、课堂反思与评价教学的会评课、会研课的能力，激发对小学音乐教育领域的探究精神。【支撑毕业要求 7“学会反思”和 8“沟通合作”】

（二）课程目标与毕业要求指标点的对应关系

根据各个课程目标对 8 个毕业要求分解指标点的支撑力度情况，给出每一个指标点的支撑度，支撑度分为高（H）、中（M）、低（L）。

课程目标支撑毕业要求的情况表

课程目标	支撑毕业要求	支撑的毕业要求指标点
课程目标 1	1. 师德规范 2. 教育情怀	指标 1.2（M） 指标 2.2（M）
课程目标 2	3. 学科素养	指标 3.1（M） 指标 3.3（H）
课程目标 3	4. 教学能力 5. 班级指导 6. 综合育人	指标 4.2（H） 指标 5.2（M） 指标 6.1（M）
课程目标 4	7. 学会反思 8. 沟通合作	指标 7.3（M） 指标 8.2（L）

笔记栏

三、教学内容

（一）教学内容与预期学习成效

单元模块	课程目标	知识点	预期学习成效	实现环节
小学音乐教学课程理论	课程目标 1	小学音乐课程标准及其解读：基本理念、目标体系； 小学生音乐核心素养内涵； 小学音乐教育学习的基本过程、学习方式、情感与态度； 小学音乐教材分析的意义、原则、内容、步骤、方法、思路； 小学音乐发展的心理特点	学会研读小学音乐课程标准的方法； 理解小学音乐课程的理念和目标； 学会分析小学音乐教材； 理解与把握小学音乐学习的心理特点	讲授小学音乐新课标基本理念、教学目标、核心概念；小学音乐教育教学发展现状和教育内容； 小学音乐心理的发展的特点； 小学音乐课程标准解读和音乐核心素养内涵；引导全班交流思考意见，并积极地发表见解
小学音乐教学实践方案分析与设计	课程目标 2	小学音乐教学的审美性、教育性、实践性、情感性和创造性原则； 小学音乐教学目标的确定与表述，重点和难点的定位，教学环节和教学评价； 小学音乐教学的倾听、感悟、表现三大模式； 小学音乐教学四大领域的内容；小学音乐常用的教学法； 小学音乐教学组织工作和结果检验； 小学音乐教案的撰写的规范性	能准确把握小学音乐教学过程设计的主要环节和内容：教学目标、教学内容、教学过程、教学措施、教学评价等设计方式； 正确选用小学音乐教学四大领域的内容，并灵活选用合适的小学音乐教学法； 能准确把握小学音乐教学实践活动的各层次的评价与反馈方法	讲授小学音乐教学过程设计的主要环节和内容； 分析小学音乐教学优秀案例，帮助学生重点把握教学过程中各环节的特点； 根据不同的小学音乐教学主题，让学生结合四大领域的内容自行选择小学各类音乐教学法设计教学实施环节（5—8 份）； 归纳总结小学音乐教学实践方案的内容，并撰写 1—2 份规范的小学音乐教案
小学音乐教学课堂应用案例分析、研究与设计	课程目标 3	小学音乐教学案例欣赏、分析与实训操作； 小学音乐说课案例欣赏、分析与实训操作； 小学音乐评课案例欣赏、分析与实训操作； 小学音乐教学实施方案案例欣赏、分析与实训操作； 小学音乐课堂研究和模拟上课，注重在教学中渗透政治素质和人文素养，进行品德教养与性情陶冶	熟悉与掌握小学音乐教学设计的一般步骤和方法； 能依据指定教材内容完成教学设计，根据教学设计撰写较成熟的教案和说课稿； 初步掌握小学音乐各种课型的教学策略，进行小学音乐各种课型的教学设计，达到会备课、会说课的基本要求	分析优秀教学活动案例，讲授教学设计的原理和方法； 小学音乐教学设计实训：提供教材内容，要求写出完整教学设计稿（5—6 个）； 根据教学设计撰写教案和说课稿； 小学音乐说课和评课实训，学会说课和评课； 模拟上课，培养小学音乐实际教学能力

续表 笔记栏

单元模块	课程目标	知识点	预期学习成效	实现环节
小学音乐课外教学活动实施、教学实习和教学评价	课程目标 4	小学音乐课外活动的主要内容、组织与形式； 小学音乐教学实习：实习的目的、内容和要求等； 小学音乐教学实践活动的评价：学生学习参与、学习评价、教师决策、教师评价等学业评测和教学评价方式等	掌握小学音乐教学基本的实际教学能力，能在教学实习中达到会上课的要求； 掌握小学音乐课外活动的常用组织技能和方法； 正确理解小学音乐教学工作的组织和结果检验方法； 正确把握小学音乐教学评价的内容与环节	模拟小学音乐实习中的课堂教学，培养小学音乐实际教学能力； 分小组选择不同主题的小学音乐课外活动，设计组织实施方案； 小学音乐观课、议课、评课训练，把握教学评价的方法； 课例研究小论文，理论与实际相结合，促进教学改进

（二）教学内容和课时安排

1. 小学音乐教学课程论概述（共 2 课时）（支撑课程目标 1、2、3）

（1）新课改的实施对小学音乐教学的导向及意义（共 1 课时）

讲授内容：小学音乐教学改革的目标和方向；解读《义务教育音乐课程标准（2022 年版）》内容。

讨论内容：依据《义务教育音乐课程标准（2022 年版）》，讨论与分析新课程改革的相关要点以及教师所应具备的基本素质。

（2）小学音乐教学论的发展现状与研究意义、地位及作用（共 1 课时）

讲授内容：小学音乐教师在课程教学改革中的责任和义务；当前小学音乐教学论课程实施中存在的主要问题。

讨论内容：按照新课程改革的指引，教师在小学音乐课程教学中应当扮演怎样的角色？顺应新课程改革趋势，小学音乐教师应当具备哪些方面的素质？

2. 小学音乐教育内容概述（共 2 课时）（支撑课程目标 3）

（1）小学音乐的教育目标、教育任务、课程性质和课程目标（共 1 课时）

讲授内容：小学音乐的教育目标、教育任务和课程性质；《义务教育音乐课程标准（2022 年版）》的课程目标和要求。

讨论内容：如何理解小学音乐的教育目标？与课程目标有什么联系和区别？

（2）小学音乐教材分析（共 1 课时）

讲授内容：小学音乐教材特点；小学音乐教学设计的方法与技能。

讨论内容：学习了音乐教材的使用，在实践教学中如何实施与贯彻？

3. 小学生音乐心理的发展（共 2 课时）（支撑课程目标 5、6）

（1）音乐教育心理学发展概述（共 1 课时）

讲授内容：音乐教育心理学发展概述及其实际运用；小学生音乐学习的心理发展

笔记栏

阶段特点。

讨论内容：音乐教育心理学的重要性。

（2）小学生音乐学习的心理特点、心理过程（共 1 课时）

讲授内容：不同年龄段学生学习音乐的心理发展过程和心理特点；小学音乐心理发展在音乐教育中的综合应用。

讨论内容：不同类型的音乐对人的心理影响是否都具有促进作用？采用具体案例分析相结合，总结小学生音乐学习的心理特点和学习过程。

4. 小学音乐教学原则、过程和模式（共 4 课时）（支撑课程目标 3、4）

（1）小学音乐教学原则解读和教学过程分析（共 2 课时）

讲授内容：了解小学音乐教学的基本原则；小学教学设计的具体过程，确立教学目标，划分重点、难点，理清教学思路，建立切实有效的教学评价体系。

讨论内容：小学音乐教育教学内容重点与难点的异同；自行选择课例拟定教学过程。

（2）小学生音乐教学模式分析（共 2 课时）

讲授内容：合理运用小学音乐的倾听、感悟和表现三种教学模式。

讨论内容：在教学中，如何设置音乐教学设计的基本框架？如何正确地选择教学模式？

5. 小学音乐教学的领域及教学方法（共 4 课时）（支撑课程目标 3、4）

（1）小学音乐教学领域的基本内容（共 2 课时）

讲授内容：小学音乐教学中感受与鉴赏、表现、创造等各领域的基本内容；小学音乐与相关文化领域的联系。

讨论内容：设计一节以“走”与“跳”为主的身体律动课，并写出教学环节。

（2）小学生音乐课堂教学实施方法（共 2 课时）

讲授内容：小学音乐课堂教学实施方法；国外现行常用的四种音乐教学法。

讨论内容：以教材中任意一节课程内容为主，设计一节音乐游戏课。

6. 小学音乐教学的组织工作（共 4 课时）（支撑课程目标 4、5、6）

（1）小学音乐教学组织的基本内容（共 2 课时）

讲授内容：小学音乐教学组织的目标和内容；小学音乐教学组织工作中主体和客体的关系。

讨论内容：小学音乐教学组织工作的内容、目标及意义；小学教学组织工作中主体与客体及两者关系。

（2）小学生音乐教学组织工作实施过程及检验（共 2 课时）

讲授内容：小学音乐教学组织的具体实施过程；小学音乐教学组织的检验方式。

讨论内容：小学音乐教学组织工作的实施中哪个环节最重要？有什么改进办法？如何检验小学音乐教学组织工作的结果？

笔记栏

7.小学音乐学习评价建议与音乐学业质量检测（共 2 课时）（支撑课程目标 4、7）

（1）小学音乐学习评价建议与音乐学业质量检测的内容（共 1 课时）

讲授内容：小学音乐学习评价建议与音乐学业质量检测的目标与原则；小学音乐学习评价建议与音乐学业质量检测的内容与标准。

讨论内容：传统的小学音乐学习评价建议与音乐学业质量检测存在哪些问题。

（2）小学生音乐学习评价建议与音乐学业质量检测的方式与方法（共 1 课时）

讲授内容：形成性测评；终结性测评；定性评述；定量测评；自评、互评和他评。

讨论内容：通过学习与思考，根据教学需要，自行设计一套检测方案。

8. 小学音乐教学设计案例及实施方案（共 4 课时）（支撑课程目标 4、8）

（1）小学音乐学教学设计实施方案基本内容（共 2 课时）

讲授内容：小学音乐教学设计、说课、评课的基本内容和方式方法。

讨论内容：什么是说课？说明说课与试讲的区别。准备一份教学设计案例，将它改写成说课稿，撰写过程中注意环节之间语言的衔接。

（2）小学音乐教学设计案例分析（共 2 课时）

讲授内容：小学音乐教学设计案例分析；小学音乐教学设计实施方案的撰写。

讨论内容：选择小学音乐教材中的“唱歌”“听赏”“活动”三种课型，分别撰写教学框架。

9. 小学戏曲教学的意义与实例解析（共 2 课时）（支撑课程目标 4、8）

（1）小学戏曲教学的意义以及教学案例分析和评价（共 1 课时）

讲授内容：小学艺术课程中戏剧与戏曲的界定以及小学艺术课程开展戏曲教学的价值及意义；小学戏曲教学案例分析以及小学戏曲教学的评价方式及评价要素。

讨论内容：戏曲教学可能会遇上哪些难题？解决这些难题的可行途径是什么？“小学戏曲教学的意义与实例解析”在实践教学中如何实施与贯彻？

（2）京剧教学内容的评价与养成（共 1 课时）

讲授内容：小学音乐作业的特质与考量要素；京剧案例分析与小学音乐作业设计的思路和过程。

讨论内容：戏曲教学的评价方式和以往音乐学习的评价方式有什么异同？有什么好的建议和创新方式？

10. 小学课外音乐活动（共 2 课时）（支撑课程目标 5、6、7、8）

（1）小学课外音乐活动的主要内容（共 1 课时）

讲授内容：小学课外音乐活动的内涵、意义、主要内容与形式。

笔记栏

讨论内容：合唱团、电声乐队、鼓号队如何组织与训练？

（2）小学课外音乐活动的组织与实施（共 1 课时）

讲授内容：小学课外音乐活动案例分析；小学课外音乐活动的组织、实施、总结与反思。

讨论内容：结合本章学习内容，拟一份以“在阳光下成长”为主题的活动方案。

11. 小学音乐教育实习（共 2 课时）（支撑课程目标 5、6、7、8）

（1）小学音乐教育实习的主要内容（共 1 课时）

讲授内容：小学音乐教育实习的目的、意义、主要内容与任务。

讨论内容：小学音乐教育实习的内容和任务包括哪些方面？

（2）小学音乐教育实习活动的组织与实施（共 1 课时）

讲授内容：小学音乐教育实习的实施方式、实施过程、总结与成绩评定。

讨论内容：在小学音乐教育实习的实施过程中，实习生应该注意哪些问题？

12. 教师资格考试（共 2 课时）（支撑课程目标 1、2、3、4）

（1）教师资格考试内容概述（共 1 课时）

讲授内容：教师资格考试制度、意义、大纲和内容。

讨论内容：教师资格制度对教师职业专业化的影响。

（2）小学音乐教师资格考试概要（共 1 课时）

讲授内容：小学音乐教师资格考试流程和内容概要。

讨论内容：小学音乐教师考试大纲、考试内容和考试概要。

四、课程考核

（一）考核内容与方式

课程目标	考核内容	评价依据
课程目标 1	1.《义务教育音乐课程标准（2022 年版）》解读	1. 考勤 2. 课堂表现 3. 平时作业 4. 小组合作成果
	2. 小学音乐教育法的发展现状、内容及布局	
	3. 小学音乐课程改革的基本观点	
	4. 小学音乐教育课程的基本要求	
	5. 小学音乐教师资格考试内容	
课程目标 2	1. 小学音乐课程的基本要求	1. 考勤 2. 课堂表现 3. 平时作业 4. 小组合作成果 5. 期末考查
	2.《义务教育音乐课程标准（2022 年版）》的课程目标和要求	
	3. 分析统编版小学音乐教材的编写体例、思路和特点	

续表 笔记栏

课程目标	考核内容	评价依据
课程目标 3	1. 运用小学音乐教学的基本原则设定教学目标并进行备课	1. 考勤 2. 课堂表现 3. 平时作业 4. 小组合作成果 5. 期末考查
	2. 运用小学音乐教学目标设置的依据、原则撰写教学设计和考评方案	
	3. 掌握基本的小学音乐教学的领域和教学方法，较好地开展教学组织的各项工作	
	4. 自行分别设计出 1 份小学音乐教案、说课稿、评课稿和教学实施方案	
	5. 组织 1 次小学课外音乐活动，并进行总结和反思	
课程目标 4	1. 小组合作完成音乐学习综合能力的活动方案等	1. 考勤 2. 课堂表现 3. 平时作业 4. 小组合作成果 5. 期末考查
	2. 各小组合作内容的分享交流展示	
	3. 运用所学，自我诊断自己的教学设计	
	4. 各小组合作交流评议	
	5. 能探究小学音乐教育的发展与创新，并从中获得启示	

（二）成绩评定

1. 评定方式

课程考核方式分为过程性考核（平时考核）和结果性考核（期末考核）。

2. 计算办法

综合成绩=过程性成绩（平时成绩）×40%+结果性成绩（期末考试成绩）×60%

3. 过程性成绩（平时成绩）评定

过程性考核方式以课堂表现和课后作业为主，主要包括出勤、课堂参与、平时作业、阶段测试、模拟实训等。

过程性成绩（平时成绩）以 100 分计，综合三种过程管理形式进行评价，具体如下。

（1）课堂表现与出勤（20%）：通过学生在课堂上的表现情况、发言与提问情况、出勤情况来评价学生的学习态度和教学参与度。

（2）教学设计实训作业完成情况（40%）：考核学生进行教学设计、撰写教案和说课稿的能力。

（3）说课与模拟上课（40%）：考核学生自行设计与实施教学的能力。

4. 结果性成绩（期末考试成绩）评定

主要考查学生对小学音乐课程理论、小学音乐教材阅读理解、教学实施方案设计、综合教学活动设计四大内容，考核方式为课程试讲，成绩以 100 分计，依据试讲内容和分目标达成度的评分细则评分。

笔记栏

（三）评分标准

成绩构成	评价方式	评价依据
平时成绩（40%）	课堂表现	对学生的课堂发言活动进行评价，如参与课堂讨论、课堂发言的踊跃程度及质量，并结合出勤情况评分，占平时成绩的 30%
	出勤	对学生的课堂出勤情况进行考评，占平时成绩的 20%
	平时作业	主要考查学生对所学章节知识点的复习、理解和掌握程度，以主观题型为主，贯穿课前、课中和课后，包括自主阅读思考、小组合作和实践操作题等，占平时成绩的 30%
	阶段性小测验	主要考查学生对相关章节知识点的复习、理解和掌握程度，占平时成绩的 10%
	课外自主学习	主要完成配套课件、音视频资料等的课外学习，占平时成绩的 10%
期末考试成绩（60%）	课程试讲	要求学生在小学音乐课程范围内自行选定并设计 15 分钟的试讲内容。侧重考核学生对小学音乐课程教学的综合运用能力，包括“设计能力”“表达能力”“精神风貌”等。其中，教材分析与教案撰写占 30%，课程设计与从师技能运用占 40%，语言表达精准与流畅度占 10%，教态风貌占 10%，试讲综合表现占 10%

成绩构成 课程目标	平时成绩（占总分 40%）	期末考试成绩（占总分 60%）	课程分目标达成评价方法
课程目标 1	20%	20%	分目标达成度 =（平时作业平均分 / 平时考核总分）×0.4+（期末考试平均分 / 期末试题总分）×0.6
课程目标 2	20%	20%	
课程目标 3	30%	30%	
课程目标 4	30%	30%	

五、课程评价

（一）课程目标达成度评价机制

1. 评价机构

课程目标达成度评价在小学教育教学指导委员会的指导下进行，由课程负责人负责实施，承担该门课程的所有任课教师共同参与评价。

2. 数据来源

课程目标达成度评价采用的数据源自课程考核成绩，课程考核成绩包含出勤与课堂表现成绩、平时作业成绩、阶段性测试成绩和期末考试成绩等。

3. 评价周期

本专业课程目标达成度评价周期一般为 1 学期。

（二）课程目标达成评价方法

（1）明确课程目标支撑毕业要求。

（2）明确本课程的考核方式和成绩评定。

（3）有 4 个课程目标。

按照各个课程目标对毕业要求分解指标点的支撑力度，对每个课程目标赋予权重值 20%、20%、30%、30%。根据所有课程目标对该课程的整体目标达成有所贡献的原则，该课程的整体目标达成度由该课程的所有课程目标达成度的加权平均值确定。

六、课程改进

（一）调整教学策略

根据学生的课堂表现、平时作业、平时测验情况及教学督导的反馈，检验学生对本课程涉及的教学技能、学科素养、总结与反思的达成情况，及时对教学中的不足之处进行改进，调整教学指导策略。

（二）修订课程大纲

根据学生的课堂表现、平时作业、平时测验及期末考试成绩，检验本课程所支撑的毕业要求分解指标点的达成情况；根据本课程所支撑的毕业要求分解指标点的达成情况，参考优秀专业经验，在小学教育教学指导委员会的指导下，重新修订本课程大纲，实现持续改进。

七、课程资源

（一）主要推荐参考教材与参考书目

类别	教材名称	主 编	出版社	出版时间
参考教材	小学音乐教学论	覃乃军、刘烨	华中师范大学出版社	2016 年 2 月
	小学音乐课程与教学论	欧璐莎、田雨	北京出版社	2021 年 4 月
	小学音乐课程与教学	尹爱青	高等教育出版社	2012 年 3 月
参考书目	义务教育音乐课程标准（2011 年版）	中华人民共和国教育部	北京师范大学出版社	2012 年 1 月
	义务教育音乐课程标准（2011 年版）解读	王耀华、王安国、吴斌	北京师范大学出版社	2012 年 2 月
	新课程小学音乐教学课例与评析	徐慧琴	上海音乐出版社	2014 年 1 月
	小学音乐教学法	师范院校音乐教材编委会	上海音乐出版社	2018 年 1 月
	小学生音乐素养测评指南	张弛	华东师范大学出版社	2021 年 8 月
	小学音乐教学设计与课例	郜方、耿坚	复旦大学出版社	2021 年 11 月
	小学音乐教师专业能力必修	金亚文	西南师范大学出版社	2012 年 3 月

笔记栏

（二）网络在线学习资源

1.国家智慧教育公共服务平台

网址：https://www.smartedu.cn

2.教师听课网

网址：https://www.yanxiuwang.cn

3.听课站

网址：https://www.tingkez.com

4.教视网

网址：https://www.sp910.com